新任经理人进阶之道系列

物业管理工作中的
108个怎么办

苏 毅 编著

全国百佳图书出版单位

化学工业出版社

·北京·

内容简介

《物业管理工作中的108个怎么办》是针对新手物业主管而编写的，包括六部分，每部分四节，对应采用"月"代表"章"，"周"代表"节"。本书具体由第一个月——角色认知与事务管理，第二个月——客户服务与投诉管理，第三个月——安全管理与风险防范，第四个月——员工配备与激励管理，第五个月——物业维护与绿化管理，第六个月——社区事务与质量管理等内容组成。

本书进行模块化设置，去理论化，简单易懂，具有较强的可读性，全面系统地对新任职物业管理者半年的工作进行了梳理，适合新上任的物业管理人员和从事物业管理的人士阅读，也可供管理咨询顾问和高校教师做实务类参考指南。

图书在版编目（CIP）数据

物业管理工作中的108个怎么办/苏毅编著. —北京：化学工业出版社，2023.1

（新任经理人进阶之道系列）

ISBN 978-7-122-42477-8

Ⅰ.①物… Ⅱ.①苏… Ⅲ.①物业管理 Ⅳ.①F293.347

中国版本图书馆CIP数据核字（2022）第206544号

责任编辑：陈 蕾　　　　　　　　　　　　装帧设计：溢思视觉设计／程超
责任校对：刘曦阳　　　　　　　　　　　　E-mail: isstudio@126.com

出版发行：化学工业出版社（北京市东城区青年湖南街13号　邮政编码100011）
印　　刷：北京云浩印刷有限责任公司
装　　订：三河市振勇印装有限公司
787mm×1092mm　1/16　印张14　字数273千字　2023年4月北京第1版第1次印刷

购书咨询：010-64518888　　　　　　　　售后服务：010-64518899
网　　址：http://www.cip.com.cn
凡购买本书，如有缺损质量问题，本社销售中心负责调换。

定　　价：78.00元

职场上的第一次晋升，对每一位新任职的经理人来说都意义非凡。

通常在上任之初，新任职经理人都有强烈的愿望，比如要成为一个让下属们追随的好领导，要带领团队做出惊人的业绩等。然而，在实际管理的过程中，却发现问题接踵而来。

就个人层面而言，升迁为一名经理人，意味着新的机会与挑战。但面临新上司、新同事、新下属、新环境，新任职经理人也需要适应。一个人任职初期的表现，可能会形成日后人们的刻板印象，如果起步失败了，将来必须加倍努力才可能扭转劣势，但通常情况，公司可没耐心等你慢慢摸索。

管理学大师彼得•德鲁克说，"管理是一门综合的艺术"。管理者既要具备基本原理、自我认知、智慧和领导力，还要不断实践和应用。所以，团队管理从来就不是一件一蹴而就的事情，而是一个长期、持续的自我修炼的过程。

作为一名新任职的经理人，首先要明确自己所担负的岗位职责、任务、管理职能，以及应具备的素质和能力，同时，让自己的思维、视野得到较大拓展，提升自己的管理理论水平与专业水平，不断提升管理能力，修己、达人，与团队实现共赢，才是最好的职场进阶之路。

基于此，我们编写了本书，为新上任的经理人提供行动计划和可能遇到问题的解决方案。

其中，《物业管理工作中的108个怎么办》是针对新手物业主管而编写的，包括六部分，每部分四节，对应采用"月"代表"章"，"周"代表"节"。本书具体由第一个月——角色认知与事务管理，第二个月——客户服务与投诉管理，第三个月——安全管理与风险防范，第四个月——员工配备与激励管理，第五个月——物业维护与绿化管理，第六个月——社区事务与质量管理等内容组成。

本书进行模块化设置，去理论化，简单易懂，具有较强的可读性，全面系统地对新任职物业管理者半年的工作进行梳理，适合新上任的物业管理人员和从事物业管理的人士阅读，也可供管理咨询顾问和高校教师做实务类参考指南。

　　由于笔者水平有限，书中难免出现疏漏，敬请读者批评指正。

编著者

CONTENTS 目录

第一个月　角色认知与事务管理

第二个月　客户服务与投诉管理

在物业管理中，如何与客户进行沟通，怎样进行物业收费管理，同时客户关系以及业主（用户）的投诉该如何处理？

第三个月　安全管理与风险防范

对物业管理中物业与消防的安全如何进行管理，对突发事件应该如何应对，对物业的风险该怎样防范?

第四个月　员工配备与激励管理

？在物业的人员管理中，如何进行人员招聘，并对员工进行怎样的培训，对提高员工的绩效采取怎样的管理，如何进行员工激励？

第五个月　物业维护与绿化管理

第六个月　社区事务与质量管理

在物业管理中如何进行经营活动，并对社区文化活动采取怎样的管理方式，如何开展创优达标工作，提升物业服务质量？

第一个月

角色认知与事务管理

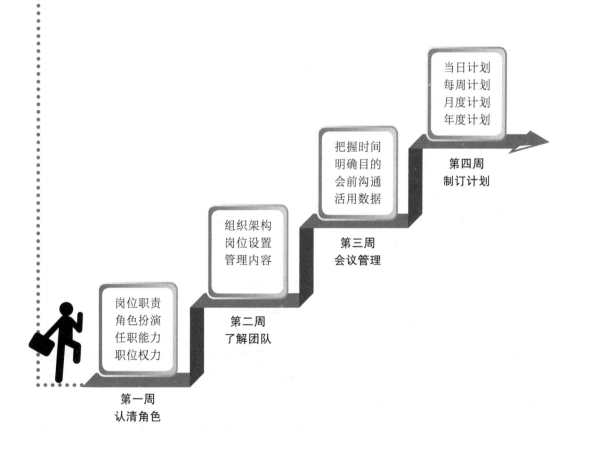

当日计划
每周计划
月度计划
年度计划

第四周
制订计划

把握时间
明确目的
会前沟通
活用数据

第三周
会议管理

组织架构
岗位设置
管理内容

第二周
了解团队

岗位职责
角色扮演
任职能力
职位权力

第一周
认清角色

第一周　认清自己的角色

为什么我可以被提升为经理而不是别人呢？因为我具备经理的任职条件，知道经理要做什么，而且知道如何去做，肯定能做好。升为经理后，我就要认真扮演好经理的角色，找到自己的位置，尽到自己的职责。

问题1：物业经理的岗位职责是什么？

物业经理是物业公司的负责人，是确保物业管理服务质量水平的主要执行者。物业经理的岗位职责，主要包括图1-1所示的七个方面。

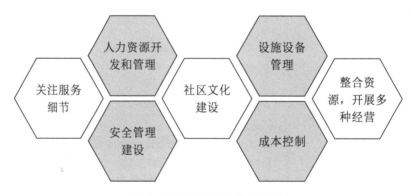

图1-1　物业经理的岗位职责

1.关注服务细节

物业管理行业是一个服务性行业，物业经理应做好大量的营造环境氛围等服务工作，关注服务细节，由被动变主动，实行走动式管理，亲临服务一线，直接了解客户要求，有效迅速地解决各项业主（用户）投诉。

"勿以善小而不为"，物业管理好像无大事，但事事是责任。物业服务过程中许多事情是涉及日常生活的琐事，但我们也不能简单地将其当成一件小事，因为这样的"小事情"能影响到业主（用户）的工作和生活，我们唯有将物业管理过程中的每一件小事积累起来并规范地做好，才能真正兑现我们的服务承诺。

2.人力资源开发和管理

物业公司是由一批具有各种专业知识的人员组成的专业队伍，他们是物业公司生存和发展的重要支柱。这个支柱的核心就在于物业公司的中心人物——物业经理对本公司队伍的组建和管理。

特别提示

物业经理应当认识到，我们的每一位员工都是我们最重要的资源。物业管理提供的服务是无形产品，每项工作都是通过员工的服务来完成的，应做到留住人、用好人、用事业感召人、用情感凝聚人。

人力资源开发和管理的每一项工作对物业经理的个人素质来说都是一次考验。应明确团队的经营理念及价值观，尽力使全体员工了解、认同、支持并执行共同的经营理念和价值观。建立有效率的组织机构和制度体系，明确岗位职责，细化到每一位员工个体；建立招聘、培训、考核、业绩评估等程序。

物业经理同时也应是一名称职的培训师，要使公司的经营理念、价值观、工作标准等成为每个员工共同遵守的守则，就必须通过完善的培训机制来达到。每个物业经理都要记住"企业管理的一个重要概念就是培养人"。

3.安全管理建设

安全管理是社区管理中的重中之重，也是非常棘手的一个环节，包括人员进出管理、治安消防管理、车场车辆管理等。物业经理可合理安排保安人员加强管理区域的各项巡视、监督、检查工作，及时发现问题、解决问题。同时还可通过图文并茂的消防安全知识宣传画对业主（用户）进行宣传，或联合小区内业主（用户）举行消防实战演习，提高辖区内业主（用户）的安全防范意识，引起每个业主（用户）的重视，为辖区内业主（用户）创造一个安全、文明、和谐的生活和工作环境。

4.社区文化建设

社区文化是物业管理工作的润滑剂，社区文化工作开展的好坏直接影响到辖区业主（用户）对物业公司工作的评价。如何寻找本物业公司的文化特征，营造一个良好的文化氛围，不是简单地通过几次娱乐性活动就能做好的，而应将其放在整个社区文化建设高度来考虑。

特别提示

在社区文化的管理中，物业管理是工作的润滑剂。一般来说，整体的社区氛围、和谐的社区文化主要包括自然、社会、人文三个环境，以满足人类生存、发展、享受的各层次需求。

5.设施设备管理

设施设备管理是物业管理的重要核心。设施设备管理的好坏直接影响到整个物业公司的整体运作，哪怕是设备上一个小小的零配件都有可能影响到整个设施设备的运行。

这势必要求我们做到有问题立即跟踪落实，直到问题得到根本性解决。可采取点、面相结合的方法，"面"方面需整体把握好几大系统的质量关，如给排水系统、供配电系统、电梯系统等，制订合理的巡视检查、维护保养计划，并跟踪使各计划得到有效落实；"点"方面需对每位业主的装修质量进行严格把关，杜绝因个别装修过度而影响其他设施设备的正常运行。同时，还应充分利用现代化新技术，对设施设备各系统进行必要的节能改造，降低各系统的能耗，切实保障业主的根本利益。

6.成本控制

评价一个物业管理项目成功与否，除了业主评价和内部审核两个因素外，第三个关键因素就是成本是否得到有效控制。物业管理行业是一个微利行业，其收入主要来源于众多业主（用户）交纳的管理费，价廉物美的服务是我们追求的目标，更是广大业主（用户）的强烈要求。只有成本控制好了，才会在服务方面投入更多财力，才能有更充裕的资源配备，才能有更先进、更优质的软硬件为广大业主服务，从而使服务质量得到保证和提高。

物业经理必须能通过有效的手段，强化全员的成本控制意识，通过完善的成本管理制度、严格的预算管理制度进行成本管理。

7.整合资源，开展多种经营

谁最先掌握信息资源，谁就将赢得主动。物业经理掌握着业主（用户）各方面信息，如何有效地处理这些信息资源，并有效加以利用，是物业经理工作的重中之重。靠着得天独厚的资源优势，以迅速、快捷的管理速度，对资源进行整理、收集、筛选和重新组合，通过构建网络化的物流信息平台，建立快速流通的物料供应渠道和实现物料流通，签约联盟商家，采用消费优惠等方式，在保证提供迅捷、满意服务的同时，也有效降低了成本，为公司创造价值和利润。

多种经营对物业公司经营工作是一个很好且有效的辅助和补充，物业经理应不断创新，为物业公司挖掘新的利润点。

如图1-2所示是某物业管理有限公司在某网站上的招聘简章，对物业经理这个招聘职位的岗位职责和任职资格做了详细的要求。

物业管理经理

■■■■/月

南京-建邺区 │ 10年以上经验 │ 大专 │ 05-30发布

年终奖金　节日福利　带薪年假　餐饮补贴　员工旅游

▌职位信息

岗位职责

1. 确定所管理的物业项目相关的管理计划、预算制定、流程制定、合同编制等，负责实施并对结果负责。

2. 对项目各专业管理人员进行业务能力、岗位匹配度的评估，制订并落实有效的辅导计划，打造高绩效的团队。

3. 负责所管项目的物业日常运营、工程管理等工作的监管及执行。

4. 主持制定和完善各项规章制度，并督促现场管理团队执行。

5. 完成公司物业各项经营指标及公司临时安排的工作。

6. 配合招商部门以及客户现场的物业服务提升工作。

7. 监管第三方服务公司的品质等。

任职资格

1. 大专及以上学历，物业管理等相关专业，具有物业管理经理人上岗证优先。

2. 十年以上大型物业管理相关经验，且在管理岗位上工作五年以上。

3. 能够组织协调开展物业管理工作，熟悉物业管理操作流程且掌握有关物业管理相关法律法规。

4. 执行力和规划能力强，富有团队合作及敬业精神。

5. 具有较强的社交网络和能力。

图1-2　某物业管理有限公司在某网站上的招聘简章

问题2：物业经理应扮演什么角色？

在物业管理过程中，一直以来都倡导"人性化服务""以人为本"。这里所说的"人"，不仅包括业主（用户），还包括管理的团队、企业的员工以及管理者自己。因此，作为一名物业公司的领导者，应该同时扮演好图1-3所示的四种角色，并适应角色上的转换，才能胜任这份工作，成为一名优秀的物业经理人。

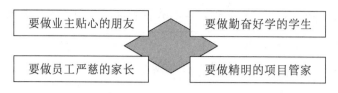

图1-3　物业经理应扮演的角色

1.要做业主贴心的朋友

对于业主（用户）来说，物业经理要做一个贴心的朋友。物业管理是否达到优质管理、精品服务的要求，裁判是被服务的业主（用户），因此，物业经理要明确业主在物业公司生存和发展中的重要性，业主满意度是企业服务的宗旨和目标。在遵守《物管合同》《业主公约》和企业制度的同时，物业经理应学会换位思考，把自己放在业主朋友的位置，急业主所急，想业主所想，千方百计为业主排忧解难，在服务中体现出"贴心"。

作为物业经理，要主动与业主沟通，与业主交朋友，切实为他们解除后顾之忧。通过与业主的零距离接触，和业主成为朋友，不能只流于形式。

此外，物业经理应从所管理的项目特点出发，在创新上动脑筋，在管理与服务中拓展视野，真正做到"贴心"，同时也要学习一流物业公司的先进经验，推出人性化、精细化的服务项目。

比如，雨天免费向业主借伞的"便民伞"服务、为小区业主免费借用平板推车的"便民车"服务、保安员为停靠的小轿车开门服务等。这些措施不仅让管理服务在业主中树立良好形象，也使业主接受服务的同时，充分感受到信任与安全。

2.要做员工严慈的家长

对于企业员工来说，物业经理要做一个"严慈的家长"。企业就是一个家庭，如果说领导者要将自己的满腔热情都投入在物业管理事业上，那么需要把更多的爱奉献给与自己并肩奋战的员工。管理者作为"家长"，不仅要在管理上事无巨细，更要用一个"爱"字来换得员工的尊敬、爱戴。

关爱员工既要落到实处，又要细致入微，以仁爱之心尊重员工的人格和价值取向，让他们感到自己在企业中有一席之地。但是，关爱员工并不意味着溺爱和迁就，对待员工要将严格的管理和贴心的关怀有机结合起来，做到赏罚分明。

作为"家长"，物业经理更要懂得把握大方向，依靠严格的制度管理和个人影响力，引导员工向健康正确的轨道发展。

作为"家长"，物业经理还要重视劳逸结合，把握与员工沟通的每个机会。

管理人员队伍，出现矛盾不可避免，但要以稳定为重，既严格要求又沟通协调，才能使整个团队富有凝聚力、富有战斗力，最终以"满意的员工"实现"满意的服务"。

3.要做勤奋好学的学生

对于物业管理工作而言，物业经理要做"勤奋的学生"，物业管理需要丰富的阅历和开阔的视野。

比如，对于不了解装修规定的业主，物业经理要向其详尽解释相关法律法规的要求；某办公室中央空调效果不好，物业经理要向业主分析制冷差的原因，解释整改方案，承诺整改期限，这样才能让业主心服口服。

所以说，物业管理者除了应具有服务意识、专业知识、经营头脑、管理才能外，还必须熟知所管理物业的建筑、施工工程、结构、园林绿化等知识，另外，房地产管理、经济管理、法学、心理学、财务管理、公共管理、计算机等方面的知识也必不可少，只有掌握更多的相关知识，管理者在服务和管理工作中才能游刃有余。

那么这些知识如何获取呢？作为一个合格的物业经理，除了接受不同的教育和培训之外，要在工作生活中做一个勤奋的学生。俗话说"事事留意皆学问，人情练达即文章"。把自己摆在一个"学生"的位置，才能看到更多、学到更多。

4.要做精明的项目管家

对于所管理的项目，物业经理要做"精明的管家"。所谓"管家"，就是要善于开源节流，增收节支。

比如，车库的照明安装得又多又亮，浪费了资源，如果合理整改，分为三组，分时分段轮流开关，可以比原来节约一半以上电费；用电梯前室、电梯轿厢做广告，既调节了业主等候电梯枯燥单调的气氛，美化了环境，又为公司创造了利润。

"管家"还要懂得如何使所管物业实现保值增值，只有采取与时俱进的管理理念，有着创新、求精的发展思路，才能实现这个目标。

实践证明，物业经理只有扮演好以上所述的种种角色，才能创造良好的物业公司品牌。

问题3：物业经理应具备哪些能力?

要想担任物业经理之职，没有一定能力是不行的，一般来说，物业经理应具备图1-4所示的能力。

图1-4 物业经理应具备的能力

1.积极进取的心态

（1）进取心。进取心首先来自于自身，后天的培养也很重要。进取心反映了物业经理强烈的责任感和事业心，其主要体现如图1-5所示。

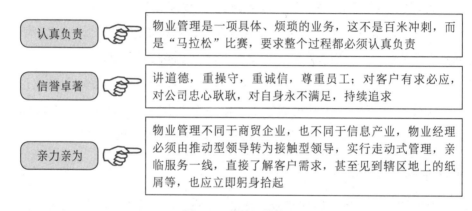

图1-5 进取心的体现

（2）向上的价值取向。物业经理作为物业公司的管理人员和中坚力量，在带领物业公司员工前进的过程中，必然会遇到各种困扰和阻力，物业管理服务在发展完善的过程中也会遇到许多曲折，物业经理个人心态将直接影响物业公司的整体士气，如果物业经理积极进取，有强烈的成功欲望，其带领的团队也必然是蓬勃向上，充满生机和活力的，反之，则必然是士气低落，缺乏战斗力的。所以对物业经理而言，重要的是要时刻保持一种旺盛的进取精神，用自己积极的心态去感染团队，即使再困难，也不应流露出恐惧、无奈、消沉的情绪。当遇到困难时，要积极面对，把困难看作是一种机遇和挑战。

（3）观念更新。

——从以管为主转向以服务为核心。物业经理必须改变以管为主的观念，转向以客为先、以服务为核心，将物业管理的工作重心放在令客户满意、社会满意上，而不是局限在领导满意、考评组满意上。物业管理的一切工作都应围绕着业主（用户），通过服务去体现，向业主（用户）负责，将业主（用户）满意作为检验物业管理工作最重要的评价指标，最大限度地满足业主（用户）需求。

——从数量扩展型转向质量效益型。物业经理应当强化市场观念，在业务拓展过程中实现从数量扩展型向质量效益型的观念转化，理性地面对市场。

（4）勇于开拓。勇于开拓是物业经理应具备的最基本品质。这种品质表现为不断进取的精神，胸怀大志的气魄，敢于拼搏的勇气，不怕失败的韧劲。管理也是一种开拓性的工作，开拓能力不强的人无法担任物业经理之职，因为即使他有创新意识，也会因缺乏勇气而无法下定决心。勇于开拓意味着改革创新，也就意味着向风险挑战，应不怕失败，善于在失败中探索，将失败转化为成功。

2. 良好的职业道德

作为一名物业经理必须具备良好的职业道德，这是物业经理最基本的素质要求。而职业忠诚则直接反映出职业道德，物业经理必须在专业、精力投入和责任感上，与其职务相匹配。也就是说物业经理在岗位上工作一天就应该尽自己的全力履行好自己的职责，把维护公司利益、实现股东投资价值最大化作为自己的唯一目标，一切经营决策、管理行为都围绕这一目标进行，绝不做为了个人利益而损害公司利益的事。同时要严守企业的商业秘密，包括曾服务过的公司和正在服务的公司。

3. 超群的远见卓识

为物业公司确立方向，是物业经理的首要职责，物业经理的自身价值观取向，在建立企业愿景中扮演着极其重要的角色。他们的价值观和信仰为企业文化奠定了基础，促进了战略的实施；他们的超前、创新意识，是企业形成独特经营风格、领先竞争对手的前提。

4. 卓越的沟通协调能力

物业经理组织、沟通、协调能力是一项不可或缺的重要素质，具备这项素质，则物业管理服务工作中的各项矛盾往往可以大事化小、小事化无，反之，则误会重重、隔阂加深。

（1）注重与业主（用户）的沟通。这种沟通更多地体现在平时的日常工作中，所以应提倡及时、真诚而有效的沟通，而不仅仅局限于一年两三次的业主（用户）意见征询活动。

（2）注重与员工的沟通。现代团队中的组员，需要规范的管理，也需要文化的熏陶，沟通体现了尊重，沟通营造了健康、和谐的气氛，沟通是调动积极性的重要手段。

（3）注重与有关单位、上级主管部门的沟通。沟通与协调是一种顾全大局的意识，是一种境界，也是信息社会对物业经理的必然要求，在物业管理工作中往往能起到事半功倍的效果。

5.意志和胆识的强化

一名优秀的物业经理必须具备坚强的意志和胆识，如图1-6所示。

图1-6　物业经理必备的意志和胆识

6.宽容和忍耐的品行

宽容和忍耐是物业经理必备的心理素质，如图1-7所示。

宽容一是对有过失误的人或反对过自己的人要宽容，二是对比自己能力强的人不嫉妒，因为管理需要众多人员的配合和协调才可能取得成功

宽容主要表现在对人方面，忍耐则更多地表现为物业经理对组织事业、对管理工作，以及对工作条件、局势、时间等的心理承受。当一项管理必须花费较长时间才能成功时，当其屡次失败前途未卜时，当众多人给予批评不予支持时，当没有人理解自己的工作时，物业经理就应该表现出忍耐的心理素质

图1-7　物业经理必备的心理素质

7.快速学习能力

物业经理除具有该岗位必备的管理素质外，还需具备良好的专业素质，而知识结构是物业经理专业素质的重要组成部分。物业经理需全面掌握管理学知识、建筑工程结构知识、机电设备知识、法律知识、心理学知识以及运筹学、统计学等方面的综合知识。

因物业管理理论的不断完善，新知识、新技术、新技能的不断运用，所以物业经理要能够不断地掌握当代最新的管理理论知识、最新的科技动态、最新的文化发展，并且能够将这些认知在自己的脑海中加以融会贯通，这是产生对某一问题有超越常人看法或认识的基础。

问题4：物业经理有什么权力？

作为一名物业经理，只有运用好组织赋予自己的权力，才能有效地履行自己的职责。通常而言，物业经理拥有如图1-8所示的5种权力。

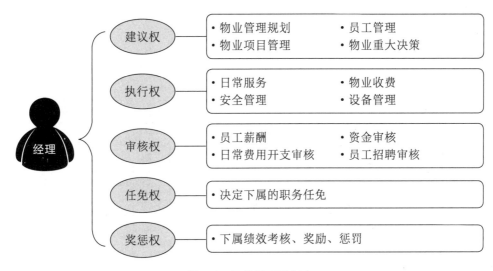

图1-8 物业经理的权力

第二周 了解自己的团队

到了新岗位，认清自己的角色后，还要全面了解自己的团队，这是做好一个管理者最基本的管理素养。

问题5：如何设计物业公司的组织架构？

物业公司是负责小区、大厦、写字楼等物业管理的专门机构。有些物业公司负责好多家小区的物业管理工作，物业经理一般是每个小区物业项目的最高负责人，他们的工作单位常被称作物业公司，这些物业经理接受物业总公司的管理。有些物业公司只管一个小区，物业经理就是物业公司的总负责人，没有直属上级。

本书中的物业经理是指负责单个小区物业管理工作的负责人，其工作单位统称为物业公司。

各家物业公司情况不同，组织架构也不尽相同，这里根据公司规模的大小，列举三种物业公司组织架构，如图1-9至图1-11所示，仅供参考。

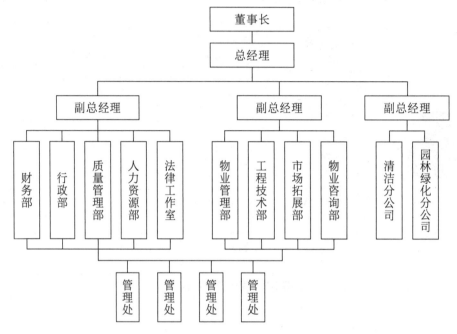

图1-9 大型物业公司组织架构

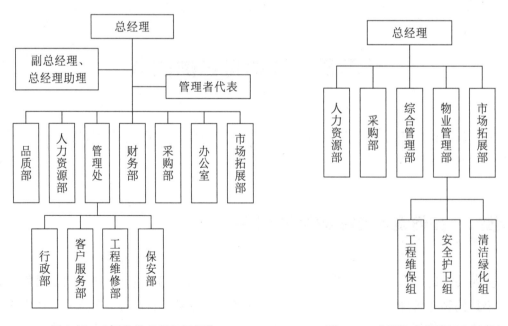

图1-10 中型物业公司组织架构   图1-11 小型物业公司组织架构

问题6：物业公司一般设置哪些岗位？

　　作为物业经理，一定要非常清楚物业公司岗位设置。物业经理在进行内部职位设置时，应以"精干、高效、合理"为原则，根据物业公司各职能划分和其工作量的大小进行职位设置和人员的配备。可以采取"一人多岗"或"一岗多人"的设置方案，将相关职位按照其职能进行分解或合并。

　　为了明确物业公司所有岗位的具体工作内容，物业经理必须为其确定岗位职责。岗位职责是通过职位描述的方式，把该职位所需的经验进行归纳总结，并编制成指导性的管理文件。

　　不同的物业公司其岗位职责要求也有所不同，但其核心内容基本一样。岗位职责，最关键的是要了解该岗位究竟做什么、其上下级关系、协助部门或人员，及胜任该岗位工作的人员素质要求。

　　下面提供3份不同岗位的岗位职责的范本，仅供参考。

🔍【范本】▶▶▶ --

保安部主管岗位职责

　　（1）热爱本职，自觉遵守国家法律、法令，负责小区的安全保卫工作，保障小区物业管理工作的顺利进行。

　　（2）牢固树立"业主至上，服务第一"的服务宗旨，和"忠诚公司，爱岗敬业"的职业道德。

　　（3）坚持原则，明辨是非，敢于同违法犯罪分子作斗争。如发生火灾、盗窃、凶杀等突发事件，保安人员必须做好必要的应急处理并保护好现场，及时通知本公司领导和辖区派出所。

　　（4）坚持预防与打击处理相结合，进行经常性治安防范巡视和防火安全检查，发现隐患及时上报公司领导。

　　（5）负责保安部的日常治安管理，指挥、协调下属的工作。

　　（6）直接对物业经理负责。

　　（7）了解上一班的工作记录内容和提示，并将本班的工作情况记录在册，报送经理审核。

　　（8）检查下属人员的装备和仪容仪表，布置工作，交代注意事项。

　　（9）对所有涉及安全的一般事件，开展调查研究和核实工作，如在本班次时间内无法完成的，移交下一班继续完成，对本部门管辖范围内的违法案件，接报后第一时间赶往现场处理，并及时报物业经理。

（10）检查小区内部安全保障措施的落实情况。

（11）负责对保安员进行日常的业务培训考核。

保洁员岗位职责

（1）遵守公司各项规章制度，坚守岗位。

（2）按照本项目保洁标准及工作程序完成责任范围内的全部工作。

（3）在工作过程中发现违反项目规章制度的行为要及时上报。

（4）参加项目卫生的突击工作，如道路积雪的及时清扫。

（5）向业主（用户）宣传卫生常识，劝阻并制止不卫生、不文明的现象和行为。

（6）有义务维护公共设施设备的正常使用状况，在保洁过程中如发现公共设施有损坏应及时上报。

（7）根据上级领导安排和业主（用户）要求，做好各项特约有偿服务。

（8）完成上级领导交办的其他任务。

工程部维修工岗位职责

（1）负责小区范围内机电设备、各种管道、房屋主体、业主（用户）室内水电、公共设施等运行、维护、检修工作，处理一般性故障，确保建设设施完好，机电设备运转正常。

（2）维修人员必须熟悉小区的供水、供电等设施设备情况，掌握相关设备的操作程序和应急处理措施。

（3）负责各种井、池检查疏通清理工作及联系化粪池清运工作。

（4）实行24小时值班制度，负责监控设备运行，并做好值班记录。

（5）节约材料及水电消耗，坚持低耗优质服务。

（6）负责小区每月定期抄录水、电表数据，并负责水、电用量分析与上报工作。

（7）负责处理业主（用户）一般性维修服务，为业主（用户）提供免费或有偿性维修服务，并保证服务质量。

（8）遇到突然停电或发生其他突发性事故时，应按规程操作，及时排除故障或采取应急措施，迅速通知相关人员处理。

（9）遵守公司规章制度，勤奋工作，努力提高业务水平，完成公司领导交办的其他工作任务。

问题7：物业管理一般包括哪些内容?

物业管理属于第三产业中的服务行业，具体的管理服务内容和范围相当广泛，呈现多层次、全方位、系列化的态势。专业化、社会化、市场化的物业管理所提供的就是一种综合的经营型管理服务，融管理、经营与服务为一体，是新型物业管理的突出特征。按服务性质和提供服务的方式，物业管理的内容可作如下分类。

1.常规性的公共服务

常规性的公共服务是指物业管理中面向所有业主、使用人提供的公共性的管理和服务工作，为的是满足全体业主、使用人共同的服务需求，内容通常在物业服务合同中作具体约定，目的是保证物业的完好与正常使用，维持人们正常生活、工作秩序和物业良好的环境。

以住宅小区的物业管理为例，常规性的公共服务大致包括图1-12所示的内容。

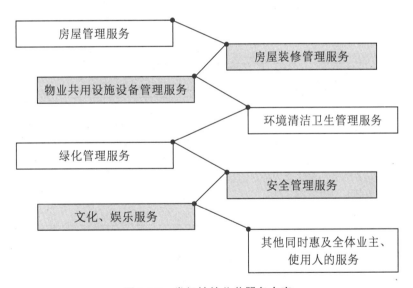

图1-12　常规性的公共服务内容

2.针对性的专项服务

针对性的专项服务是物业公司为改善和提高业主、使用人的工作和生活条件，提供满足部分业主、使用人特殊需要的各项服务。

通常是物业管理单位事先设立服务项目，并公布服务内容与质量、收费标准，业主、使用人需要某项服务时，可向物业管理单位提出需求，双方按服务内容协商服务质量和收费标准。专项服务的主要内容如图1-13所示。

1	代办类服务，如代缴水电费、煤气费、电话费等
2	高层楼宇的电梯管理、外墙清洗等
3	一般的便利性服务，如提供室内清扫、维修、装修等服务
4	其他一定比例住（用）户固定需要的服务

图 1-13　专项服务的主要内容

3. 委托性的特约服务

委托性的特约服务是指物业公司为了满足业主、物业使用人的个别需求，受其委托而提供的服务。通常是指在物业服务合同中未约定、在专项服务中未设立，而业主、物业使用人又有该方面需求的服务。

特约服务实际上是专项服务的补充和完善，当有较多的业主和物业使用人有某种服务需求时，物业公司可以将此项特约服务纳入专项服务。常见的特约服务项目如图 1-14 所示。

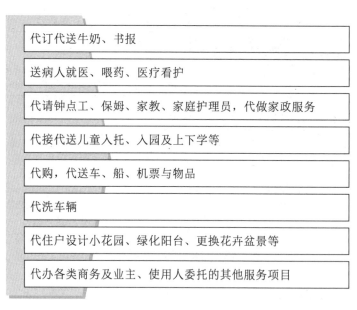

图 1-14　特约服务项目内容

特别提示

委托性的特约服务项目一般是协商定价，也是以微利和轻利标准收费。

4.经营性服务

除了少量的无偿服务项目，物业公司提供的所有服务项目都具有经营性，这里所讲的经营性服务是指物业公司为了扩大企业收入来源，推动企业壮大发展而积极开展的物业管理延伸性多种经营服务项目，一般包括图1-15所示的内容。

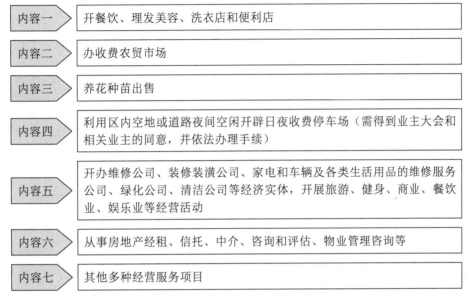

内容一　开餐饮、理发美容、洗衣店和便利店

内容二　办收费农贸市场

内容三　养花种苗出售

内容四　利用区内空地或道路夜间空闲开辟日夜收费停车场（需得到业主大会和相关业主的同意，并依法办理手续）

内容五　开办维修公司、装修装潢公司、家电和车辆及各类生活用品的维修服务公司、绿化公司、清洁公司等经济实体，开展旅游、健身、商业、餐饮业、娱乐业等经营活动

内容六　从事房地产经租、信托、中介、咨询和评估、物业管理咨询等

内容七　其他多种经营服务项目

图1-15　经营性服务项目内容

> **特别提示**
>
> 经营性服务项目的服务对象不仅包括物业管理区域的业主、使用人，同时也面向社会。

第三周　日常会议管理

会议是企业最常见的活动，会议管理也是企业管理的重要一环。因此，企业管理者应充分认识到会议的重要性，善用会议，实现对企业内部的更高效管理。作为物业经理，不免要召开会议和参加各种各样的会议，很有必要提高会议效率。

问题 8：物业公司一般有哪些会议？

物业公司内的会议往往有很多，有正式的，也有非正式的，如图1-16所示。无论是正式的还是非正式的，物业经理都要重视。

正式会议

正式的会议是指有一定准备而召开的会议，如物业经理为提高服务水平而召开的研讨会，这样的会议往往提前给出命题，甚至包括一些必需的参考资料，让各部门做好准备，给各部门发出通知，然后选择适当的时间来召开。还有物业公司早会、各部门例会等都属于正式会议

非正式会议

非正式的会议有部门或临时会议，如因突发事件处理而立即召集的会议，或临时有一些重要客人来参观本物业，需要向接待部门介绍一些基本情况等

图1-16　物业公司会议类型

问题 9：如何主持会议？

主持会议的能力，是考验一个人是否适合担任领导的最简单方式。物业经理要想提高开会的效率，让每个人都能各抒己见、各得其所，图1-17所示的六点很重要。

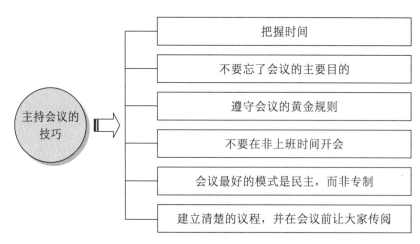

主持会议的技巧

- 把握时间
- 不要忘了会议的主要目的
- 遵守会议的黄金规则
- 不要在非上班时间开会
- 会议最好的模式是民主，而非专制
- 建立清楚的议程，并在会议前让大家传阅

图1-17　主持会议的技巧

1.把握时间

开会最忌讳的就是拖延时间，尤其是一些经常性的会议。所以物业经理要让会议顺

畅地进行，要对每个议题的讨论时间作出限制。如果某个议题讨论太久，始终没有结果，就把这个议题记下来，下次开会时再讨论。

> **特别提示**
>
> 如果这次会议一定要得出某些具体结论的话，在开会前就要先告知每个参会的人，不达目的绝不罢休。不要为了减轻与会人员的负担而迅速结束会议，这只会让你的后续动作更困难。

2.不要忘了会议的主要目的

在物业企业，开会通常有三个目的：沟通、管理和决策。不管哪一个目的，最重要的是以行动为焦点，如讨论要采取什么行动、上次行动的结果如何，或是在不同的行动方案中选择一个。避免没有讨论行动的会议，因为那很可能只会浪费时间。

3.遵守会议的黄金规则

"公开称赞，私下批评"。避免公开批评别人的意见，因为这对士气有很大的影响。

4.不要在非上班时间开会

尽量在日常上班时间开会，除非是很紧急的事情。喜欢在傍晚或者周末开会的人，缺乏工作与生活的平衡，自然也无法在正常时间做好分内的工作。

5.会议最好的模式是民主，而非专制

不要试图影响与会者，作出你想要的结论，更不要只凭你的职衔或权力来领导他人，好的领导应该使用说服，而不是强迫的方式。另外，还要了解会议的意义，如果你想要宣告自己的一项政策，只要将它发布在相关媒体上即可，不需要召集大家，控制整个议程，却又不给大家讨论的空间。

6.建立清楚的议程，并在会议前让大家传阅

在开会前必须清楚这次会议的目的、内容和讨论方式，整理成清楚的议程，并在会议前让大家传阅，这样才能让与会人员有充分的时间准备相关的资料。

问题10：如何参加会议？

以上讲的是作为主持人的技巧，作为物业经理，还经常会参加一些会议，那么，参加会议应注意哪些细节呢？图1-18所示的细节对你的职场生涯一定大有帮助。

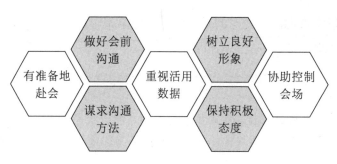

图1-18　参加会议的技巧

1.有准备地赴会

为了使你在每一场会议中都取得最好的效果，在走进会议室之前，你对以下问题，必须拥有周全的答案。

（1）谁召开这次会议。为了研讨会议的重要性，首先要问会议的召开人是谁。显而易见，董事长所召开的会议，要比总经理所召开的会议更加重要。

（2）为何召开这次会议。若不搞清楚会议的真正目的而贸然走进会议室，你将很容易受创。因此，在与会前你应先清楚以下问题。

——这次会议是否为了那些悬而未决的老问题而召开。

——是否为了摆脱棘手的问题而召开。

——是否因为某些人想迫使上司下决心作决策而召开。

2.做好会前沟通

如果你有新的提议，而且你的提议可能会影响到另一部门或另一些人的安全感，那你应在会议之前，先与这些可能反对你意见的人进行沟通，以便安排一些足以维护他们颜面的措施，甚至取得他们某种程度的谅解或支持。必要的时候，你也可以让他们用他们的名义提出你的观点，尽管这样做，等于拱手将自己的观点送给别人，但是假如你志在令你的观点被采纳，这样做又何妨？

> **特别提示**
>
> 不论你是否在会议前进行沟通，在会议中，一旦你要提出新观点，则千万不要在言辞上威胁到有利害关系的人士。

3.谋求沟通方法

会议场合中的沟通方式除了有声的语言之外，还有无声的语言，诸如仪容、姿态、手势、眼神、面部表情等。这些无声的语言也扮演着相当重要的角色。现将值得特别留意的地方简述如下。

（1）仪容要整洁。蓬头垢面者通常得不到与会者的好感。

（2）准时或提早抵达会场。

（3）避免穿着奇装异服。为稳妥起见，你的穿戴应尽量趋于平常。

（4）留意坐姿。最理想的坐姿是脊椎骨挺直但却不僵硬，因为只有这样，你才能在松弛的状态下保持警觉性。

（5）目不斜视。与人对话时最忌讳的是两眼闪烁，或是斜眼看人，因为这样会让人对你的动机或品格产生不良的评价。同样忌讳的是，以求情的眼光看人，因为这样做足以削弱你说话的分量。

（6）借手势或物品强调自身的观点。以手势配合说话的内容，可以令听众印象深刻。手势的幅度视你所想强调的内容而定。谈细节的时候，手势要小；谈大事时，手势要加大。运用手势时，必须考虑周围实体环境的情况。外界的空间越大时，手势可越夸张；外界的空间越小时，手势应越收敛。为强调你的意见而以物品作为道具是一种良好的举措。

4.重视活用数据

生活在数字的世界里，每天所见、所闻与所思的一切，几乎没有不涉及数字的。然而，在会议中运用数字时，一定要注意下面两个要领。

（1）除非必要，否则不要随便提出数字。

（2）要设法为枯燥的数字注入生命。这即是说，要让数字所代表的事实，能成为与会者生活经验中的一部分。

5.树立良好形象

时刻留意自己在他人心目中的形象，因为好的形象在会议中可产生莫大的助力，坏的形象则足以令你在会议中处处受钳制。下面是一些有助于塑造及维护良好形象的参考事项。

（1）人们总是喜欢诚实的人，以及以公平态度待人的人。

（2）听众所渴望听到的是事实，因此对那些夸夸其谈、自命不凡的人极度反感。

（3）人们都不喜欢不愿倾听他人意见的人。

（4）一般人对情绪激动的人通常欠缺信心。

（5）人们对态度冷静、善于逻辑推理的人的判断力，均寄予信心。

（6）人们对富于想象力与创造力的人均产生好感。但是，当一个人的想象力与创造力超越了听众所能理解或想象的范围，则该想象力与创造力将很容易被视为荒谬。

（7）在会议中最令人讨厌的两种人通常是：喜欢打断别人讲话的人；喋喋不休的人。

6.保持积极态度

在一般会议中，我们经常面临的是消极的气氛，包括消极的表情、消极的情绪、消极的话语、消极的反应等。在消极的气氛笼罩下，若能注入积极的言辞与积极的态度，那将成为严寒中的一股暖流。

下一次再参与会议，请参照下列诸要领行事，将获得良好的结果。

（1）从积极的角度看问题，将那些会产生不良后果的消极性意念扭转为积极性意念。比如将"这200万元的投资当中有一半肯定要泡汤"扭转为"这200万元的投资当中有一半肯定会带来收益"。

（2）倾听那些可能掩盖了真相的泄气话，并设法解开疑惑。

（3）降低会议中所面临的问题的难度，设法先解决较简单的问题，以增进与会者对解决困难问题的信心。

（4）自告奋勇地承担工作，这对减轻与会者的精神负担与实质负担均大有帮助。

（5）当其他与会者强调困境之际，则设法提供解决方案。

（6）对提供良好的意见或解决途径的其他与会者，表达你个人的赞赏。

（7）面对棘手的问题时，应讲求实际，而不应悲观。

（8）鼓励与会者积极进取。

7.协助控制会场

作为物业经理，即使你不是主持人，在必要的时候也需协助主持人控制会场，具体要求如下。

（1）千万要自律，切莫为主持人制造难题。这至少包括：不要与邻座交头接耳；除非特别紧要的事情，否则不要中途离席；不要与主持人或其他与会者争论；不要意气用事；不要在会议中做与会议无关的工作。

（2）假如与会者之间发生争论，则主动介入，并设法令争论的每一方都能理解对方的观点。

（3）如有人垄断会议，则主动提出自己的意见，或鼓励其他与会者发表意见，以打破垄断局面。

（4）如果讨论的内容偏离主题，则设法提醒与会者有关会议的目标及问题的焦点，以便将与会者的注意力引导回正题。

第四周　工作计划制订

作为一个团队的管理者，肩负着领导团队制定和完成任务目标、增强团队凝聚力和战斗力、对团队进行有效管理等重要职责，因此制订科学、切实可行的工作计划就显得非常重要。计划的制订可以分解到日工作计划、周工作计划、月工作计划和年工作计划。

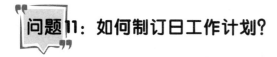

问题11：如何制订日工作计划？

物业经理在制订当日工作计划前，要对当日时间和工作事项进行仔细分析。根据工作事项的紧急性、重要性按先后顺序排列，重要和紧急的最先做，不重要和不紧急的放在最后做，以保证所有事项都能恰当而圆满地完成。

1.时间清单分析

物业经理将一天的法定工作时间，按照每半小时为一段，进行分段，然后逐项将实际活动事项填入时间清单分析表中，如表1-1所示。在活动事项后面，准确填入该活动事项相应的计划用时、实际用时、超时以及超时原因。

表1-1 时间清单分析表

姓名： 日期：

序号	时间	活动事项	计划用时	实际用时	超时	原因
1	8:30～9:00					
2	9:00～9:30					
3	9:30～10:00					
4	10:00～10:30					
5	10:30～11:00					
6	11:00～11:30					
7	11:30～12:00					
8	12:00～12:30					
9	12:30～13:00					
10	13:00～13:30					
11	13:30～14:00					
12	14:00～14:30					
13	14:30～15:00					
14	15:00～15:30					
15	15:30～16:00					
16	16:00～16:30					
17	16:30～17:00					
18	17:00～17:30					
19	17:30～18:00					
	总计					

2.工作清单分析

物业经理应清楚分析一个法定工作日内所做的工作事项，各自用时如何，如果超时，则原因在哪里。可以列个表单进行明确分析，如表1-2所示。

表1-2　工作清单分析表

姓名：　　　　　　　日期：

工作事项	计划时间	实际时间	浪费、延误	无计划用时	原因

表格说明：（1）填入具体事项，如"到监控室检查监控情况""开展物业收费""发布停水公告""处理业主投诉"等。

（2）只要简单说明浪费、延误的原因即可。如进行走访老业主工作，预计50分钟，但由于没有把握好时间，结果花了1小时，超时10分钟。

3.工作（活动）分项分析

物业经理可以将工作清单中的同类事项进行合并，然后填入工作分项分析表中，如表1-3所示。

表1-3　工作（活动）分项分析表

姓名：　　　　　　　日期：

分析事项	计划用时		实际用时		浪费、延误		无计划用时		原因
	用时	排序	用时	排序	用时	排序	用时	排序	
巡视									
到监控室查看实时监控情况									
统计物业管理费欠缴业主信息									
开展物业收费工作									
准备下发停水通知									
开展消防安全知识培训									
……									
总计									

表格说明：（1）"无计划用时"只计算无计划用时总计数。各项工作活动的无计划用时，是指该项工作活动的实现没有计划用多少时间。

（2）凡是超计划用时或者是记不起来的用时均计入"浪费、延误"中。

物业经理根据对工作时间和事项的分析，就可以制订一份个人每日工作计划表。每日计划表可以按照不同标准来制作，如按照时间、工作事项紧急重要性等。

下面提供一份某物业经理按照时间做出的每日计划表的范本，仅供参考。

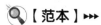【范本】▶▶ --

每日工作计划表

时间		预定工作内容	执行结果
上午	8:00前	上岗前检查自身仪容仪表，确保以饱满的精神状态参与工作	
	8:00～9:00	（1）检查各部门员工仪容仪表及工作情况 （2）每日例行巡视，重点检查公共区域，对出现的问题及时解决	
	9:00～11:00	（1）检查各类物业报表，掌握物业收费实际情况 （2）到业主装修现场检查装修进展情况	
中午	11:00～12:00	工作午餐	
下午	12:00～15:30	（1）参与受理业主投诉，指导各部门与业主的沟通合作，积极解决问题，并做好记录工作 （2）到监控室检查监控情况，确保监控无差错 （3）参与便民服务工作，为小区业主提供各种便利	
	15:30～17:00	（1）到小区会所进行检查 （2）督促、检查公司各岗位的工作完成情况，对不符合要求的要及时纠正	
	17:00～17:30	再次检查各项物业报表，对第二天的工作作出预测	
	17:30～18:00	对一天工作情况进行汇总，做好记录工作，并整理好文件	

问题12：如何制订周工作计划？

周工作计划主要反映的是一周内的所有重要事项，既有上周未完成的事项，也有本周要处理的问题。

1.每周时间分析

物业经理可以从周一到周五，连续使用工作（活动）分项分析表进行统计，将其结果分别填入表1-4中。

表1-4　每周时间分析表

活动	计划用时									实际用时									误差
	周一	周二	周三	周四	周五	周六	周日	总计	排序	周一	周二	周三	周四	周五	周六	周日	总计	排序	
跟进监控摄像头采购工作																			
到各部门巡视，检查员工工作情况																			
发布本周停水通知																			
组织开展社区文化活动																			
起草物业公司消防安全管理计划																			
接待消防部门检查																			
监督业主的装修工作																			
……																			
总计																			

表格说明：误差就是实际用时与计划用时之差，无计划要做的工作事项，计划用时则计为零。

2.制订周工作计划

周工作计划一定要把本周遗留事项与下周待处理事项的具体工作罗列出来，并注明责任人、完成日期、完成状况。

下面提供一份某物业经理的工作总结及计划周报表的范本，仅供参考。

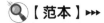【范本】▶▶▶ -

物业管理公司工作总结及计划周报表

总结部门	××物管处	总结人	×××	提交时间	12月18日	提交部门	物管部

本周工作总结如下：
1.文员到总公司培训出纳及人事日常事务。
2.对保安人员、保洁人员的工作纪律及工作情况进行抽查，有所进步。
3.抄11月11日到12月10日电表读数。
4.和开发商协商收本月电费。

急需领导和各相关部门解决与协调的事项如下：

续表

下周工作计划如下：		
1.和开发商一同收取电费。		
2.增加两名保洁员。		
3.保安人员的招聘工作。		
备注：		
填表人	×××　　填表时间	2015年12月18日

表格说明：1.周报表每周五下午两点以前通过邮件方式传送到总公司。

2.填表人为各分公司主任和副主任人员。

3.须如实填写表格内容，并将工作内容计入绩效考核范围。

4.如不按时上报工作总结和计划，每人每次处罚10元，并计入绩效考核范围。

问题13：如何制订月工作计划？

制订工作计划就是对平时工作的一次盘点，做好月工作安排，可以让工作更加有条理，更加轻松愉快。

1.月度重点工作指引

一年有12个月，每个月物业经理都有大量工作要做，如巡视小区、培训员工、参加各种会议、开展消防安全检查等。为了使工作井然有序、有条不紊，物业经理可以制定月度工作表，将每个月要做的重点事情列在表上予以特别关注，优先处理，从而避免完全陷入日常琐事中。

下面提供一份某物业经理的月度重点工作指引的范本，仅供参考。

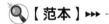【范本】▸▸▸ --

月度重点工作指引表

月份	重点工作	备注
1月	（1）组织完善物业公司各项管理制度，编制物业公司各项计划 （2）进行公司员工培训工作 （3）做好物业公司年度预算工作	

续表

月份	重点工作	备注
2月	（1）召开各部门主管安全监控会议 （2）督促人力资源部做好新员工招聘工作 （3）对新员工进行入职培训指导	
3月	（1）接待政府部门卫生检查 （2）拜访业主委员会 （3）总结物业公司第一季度工作，并制订下一季度工作计划	
4月	（1）迎接政府部门消防检查 （2）选择小区绿化工作承包商	
5月	（1）组织物业公司管理人员培训工作 （2）进行本季度消防演习 （3）进行业主档案收集工作	
6月	（1）安排本季度员工生日会 （2）总结物业公司第二季度工作，并制订下一季度工作计划	
7月	（1）建立物业公司突发事件应急处理预案 （2）检查并整理客户资料 （3）接待新老客户来访	
8月	（1）组织物业公司优秀员工去外省旅游 （2）开展创优达标工作	
9月	（1）安排员工生日庆祝会 （2）开展业主满意度调查工作 （3）总结物业公司第三季度工作，并制订下一季度工作计划	
10月	（1）进行消防设备大检查 （2）实施物业公司设施设备管理新规定 （3）开展节能环保工作	
11月	（1）审查各部门本年度工作业绩 （2）年度业主投诉处理情况分析 （3）进行物业设备更新改造工作	
12月	（1）指导物业公司各部门做好年终总结及下年度工作安排 （2）做好物业公司年终总结和下年度工作计划 （3）对物业公司员工进行年终绩效考核	

2.制订月工作计划

物业经理确定了每一个月的重点工作之后，就要制订每个月的具体工作计划。

下面提供一份某物业经理的月工作计划的范本，仅供参考。

【范本】▶▶ ···

月工作计划

序号	工作内容	阶段目标	目标达成时间				责任人
			第一周	第二周	第三周	第四周	
1	检查保安部设施设备	修理或更换已损坏的设备	○				
2	抽查物业公司仓库	确保仓库整齐清洁，各项设施设备摆放合理		○			
3	打电话问候业主	向他们表达物业公司的祝福			○		
4	参加新员工入职培训	向新员工介绍物业公司概况		○			
5	开展小区卫生大检查	对卫生质量差的部门加以改进		○	○	○	
6	准备本月工作总结和下月工作计划	了解本月物业公司经营情况，对不完善的地方进行改进				○	
7	……						

问题14：如何制订年工作计划？

到了年终，物业经理要对本年度的工作进行总结，同时要制订下一年度计划，实行年终大检查等。

这个时候可以说是物业经理忙得团团转的时候。其实，你也可以不用让自己显得如此忙碌，比如提前将年终各项工作做好安排，就可以让每件事情都按照计划进行。当然，预留一定的时间来应对突发事件，可以让你的年终各项工作更好地完成。

1.编写年度工作总结

年终总结包括物业经理个人和物业公司两种，这里讲的年终总结是整个物业公司的总结。当然，无论是哪一种总结，物业经理都不能忽视。

年终总结到底如何写才能引起领导的关注和重视，并能更好地指导下一年的工作，这就是物业经理必须重视的问题。

特别提示

年终总结既不能只有客观数据，也不能像纪实文学般的长篇报道，而应该是一个系统性的报告，是一个能把形式和意图结合得很好的总结。

如果能做到文、数、表、图综合运用，甚至是多媒体的演示，将要表达的核心思想准确、清晰、生动地呈现出来，会更能得到领导认可。考虑到不同领导的风格偏好，也可以在形式与内容方面有不同侧重。

当然，所有的形式都要为内容服务，要想全面系统地做好年终总结，一般来说，可按照图1-19所示的5个方面来组织内容。

内容一	工作业绩，包括物业公司所取得的成绩
内容二	物业公司建设，包括物业公司的制度建设、员工工作能力的提高、工作士气的提高、团队协作的改善等
内容三	将物业公司部门之间有效协作的情况反映出来
内容四	希望解决的问题，提出问题并提供相应的解决对策，对于实在没办法解决的问题，必须明确提出解决问题需要的资源和支持
内容五	下一年度工作计划

图1-19　年度总结的内容

2.制订年度工作计划

年末时，物业经理除了要对一年的工作进行总结，还要做好下一年的工作计划。下面提供一份××物业公司物业经理年度工作计划的范本，供读者参考。

🔍 **【范本】** ▶▶ -

20××年年度工作计划

20××年是一个跨越的年度，物业部将根据公司的发展要求，把我司的各项工作提升到一个新台阶，完成管理部的职能使命。

新的一年，为实现××公司长远发展，现结合××公司和物业部的实际情况，我们20××年工作的重点是着力于管理处各项工作的落实，并在原来工作的基础上，不断提高服务质量，主动配合其他兄弟部门完成各项维修任务，特拟订工作计划如下。

一、人员安排

××新街是一条地下商业步行街，根据目前××公司的运作模式及岗位管理的需求，物业部人员维持目前的人数外，继续招聘电梯工2名、瓦工1名、空调工1名，以保证水电系统、电梯系统及公共设施的正常运行。为保证应急事件得以及时有效处理，在现有人员编制中，夜间实行备勤制度。

二、工作安排

（1）加强物业部的服务意识。目前在服务上，物业部需进一步提高服务水平，特别是在服务方式、质量及工作标准上，更需进一步提高。本部门将定期和不定期地开展服务意识和方式的培训，提高部门人员的服务质量、服务效率、工作标准。

（2）完善制度，明确责任，保障部门良性运作。为发挥物业部作为物业和商家之间发展的良好沟通的纽带作用，针对服务的心态，完善和改进工作制度，从而更适合目前工作的开展。从设备管理和人员编排方面完善制度，真正实现工作有章可循，规范工作。通过落实制度、明确责任，保证了部门工作的良性开展。

（3）加强设备的监管，增强成本意识。物业部负责所有的设施设备的维护管理，直接关系物业成本的控制。应熟悉设备性能，保证设备的正常运行，按照规范操作。物业部将按照相关工作的需要进行落实，做到有设备、有维护、出成效，并将设施设备维护侧重点规划到具体个人。

（4）开展培训，强化学习，提高技能水平。就目前物业部服务的范围，相对于同类商场还比较有限，特别是局限于自身的知识结构，为进一步提高工作技能，计划采取"走出去，请进来"的工作思路，即派优秀员工外出考察学习，聘请专家前来培训指导，并结合实际开展理论学习，取长补短，提高整体队伍的服务水平。

（5）针对设施设备维护保养的特点，拟订相应的维护保养计划，将工作目标细化。变配电、电梯、中央空调等大型设备按时按量责任到人。

三、做好能源控制管理

能耗成本通常占物业公司日常成本的很大比例，节能降耗是提高公司效益的有效手段。能源管理的关键改进措施如下。

（1）提高所有员工的节能意识。根据商场温度的变化适时开关中央空调，确定开关时间等。

（2）制定必要的规章制度。比如物料二次回收利用制度。

（3）采取必要的技术措施。比如商场内广告灯箱和公共区域照明设施设备的改造，根据季节及时调节开关灯的时间，将能耗降到最低。

（4）在设备运行和维修成本上进行内部考核控制，避免和减少不必要的浪费。

（5）每月定时抄水、电表并进行汇总，做好节能降耗的工作。

四、预防性维修

（1）预防性维修：所有设施设备均制订维护保养和检修计划，按既定的时间、项目和流程实施预防性检修。

（2）日常报修处理：设施设备的日常使用过程中发现的故障以报修单的形式采取维修措施。

（3）日常巡查：物业部各值班人员在当班时对责任范围内的设施设备进行一至两次的巡查，发现故障和异常及时处理。

五、健全设施设备档案并做好维修工作检查记录

为保证设施设备原始资料的完整性和连续性，在现有基础上进一步完善部门档案管理，做好设施设备资料的收集跟进工作。

六、设施设备计划维保工作

（1）严格执行定期巡视检查制度，发现问题及时处理，每日巡检不少于1次。

（2）根据季节不同安排定期检查，特别是汛期，加强排水系统巡视检查力度，确保安全。

七、费用计划

（略）。

我们物业部将通过开展以上工作，展现我们公司的服务形象，为商家提供更为优质贴心的服务，为公司今后的发展创造更好的条件。

第二个月

客户服务与投诉管理

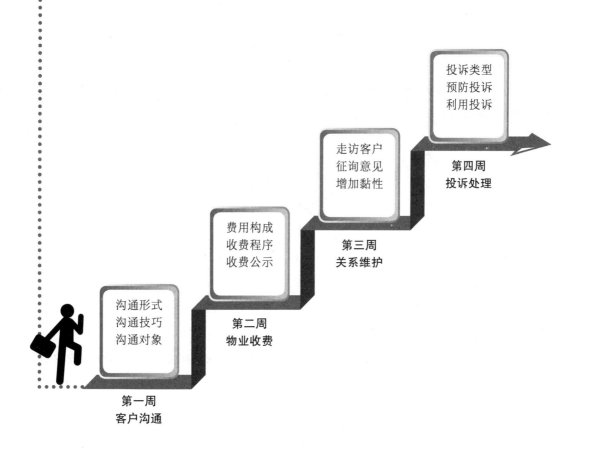

投诉类型
预防投诉
利用投诉

第四周
投诉处理

走访客户
征询意见
增加黏性

第三周
关系维护

费用构成
收费程序
收费公示

第二周
物业收费

沟通形式
沟通技巧
沟通对象

第一周
客户沟通

第一周　客户沟通管理

在物业管理服务活动中，沟通是一种常见的管理服务行为，也是物业客户管理的一个重要组成部分。科学掌握沟通的方式方法对提高物业管理服务的品质，顺利完成物业管理服务活动，满足业主（用户）的需求有着积极和重要的作用。

问题15：物业服务沟通有哪些形式？

物业公司可以充分利用各种沟通形式，多渠道、多层面地进行有效沟通，把小区物业事务中的矛盾与问题消除在萌芽状态，以达到优质服务、业主（用户）满意的目的，化不利为有利。沟通开启"问题之门"，沟通架起"心灵之桥"，沟通结出"理解之花"。通常来说，物业服务沟通的形式有图2-1所示的四种。

图2-1　物业服务沟通的形式

1.文字沟通

文字沟通是通过文字表达的方式给对方传递信息。小区物业事务繁杂，为将小区的重要信息及时传达给小区的业主（用户），物业公司应充分利用文字沟通这个有效的基础性沟通方式。

（1）及时、清晰地把重要的小区信息通知业主（用户）。涉及小区生活的重要事项更应在第一时间及时准确地告知全体业主（用户）。如小区停水或停电通知、设施维修前的通知，以及安全防范宣传、生活小常识、温馨提示等物业事务及信息，以文字通知、告示等形式传达。

充分利用各种宣传平台，如宣传横幅、宣传栏、LED屏幕，开展物业基本知识、政策法律法规、社区活动、消防常识等一系列宣传活动，使业主（用户）们知悉知晓。

（2）定期把小区物业单位的服务与工作情况向业主（用户）进行反馈。由于业主（用户）对小区的物业服务工作，尤其是小区建设、公共设施维修维护等信息了解不够，因此应增大服务信息的透明度，让小区业主（用户）了解物业公司都在为他们做些什么，把物业服务的隐性工作告知业主（用户），加深业主（用户）对物业服务工作的理解，消除对物业公司的误解，获得业主（用户）的支持。大部分小区业主（用户）与物业公司的矛盾都是由信息不对称或理解的偏差所引起的，因此，文字沟通的便捷性、直观性应该能有效地消除误解与矛盾，并能得到业主（用户）的认可。

2.情感沟通

情感沟通就是以服务者良好的心态、换位思考的方式、真诚到位的服务，通过温馨的服务过程，拉近与业主（用户）的关系，达到双方之间情感的认同。物业与业主（用户）之间应建立起一种融洽的关系，通过热情、周到、细致的服务得到业主（用户）的认可，激励其参与小区的管理工作，物业服务人员要站在业主（用户）的角度进行换位思考，处处为业主（用户）着想，拉近与业主（用户）的距离，找到共同对话的主题。通过情感沟通，体现"以人为本"的理念，发挥与调动业主（用户）参与小区建设的积极性。物业公司也应不断提升自身形象，增强管理人员自身素质，提高办事效率，提供优质、温馨的服务，也可以增强业主（用户）对小区的认同感与归属感，提升物业服务的用户满意程度。

（1）组织好小区的业主委员会会议。组织好小区的业主委员会会议是物业公司情感沟通的重要手法，认真酝酿会议议题，用好交流对话的平台，主动向业主汇报小区物业服务工作情况，听取业主们对小区物业服务管理工作的建议和意见，将小区服务工作需要业主们配合和支持的重大事项及时向业主们进行沟通、反馈，以消除相互之间存在的理解上的误差和误解，取得业主们的理解和支持。与小区业主开展联谊活动也是促进业主与物业公司情感沟通交流的重要渠道。

（2）开展丰富多彩、喜闻乐见的社区文化活动。物业公司应定期组织业主（用户）开展丰富多彩、喜闻乐见的社区文化活动，搭建好共建文明小区、构建和谐社区的舞台。安全的家园、优雅的环境、和谐的社区是物业人与业主（用户）共同的目标，业主（用户）的期待也就是物业公司的奋斗目标。

（3）搞好业主（用户）回访工作。搞好业主（用户）回访工作，建立健全业主（用户）意见调查和回访制度，虚心听取业主（用户）的意见与建议，是物业公司与业主（用户）情感沟通极其重要的形式。

（4）定期组织进行业主（用户）意见调查。物业公司应定期组织进行业主（用户）意见调查，对回收的调查表进行统计分析，获取业主（用户）对小区物业服务的满意率，收集业主（用户）对物业服务工作的意见。物业公司应针对业主（用户）提出的合理化意见与建议，分解到有关部门，尽快解决并反馈给相关业主（用户）。对业主（用户）的误解，物业管理人员应进行必要的解释、耐心地答复。对业主（用户）的询问，不能当场解决的，应给予原因说明，做到事事有回应、件件有落实。通过点点滴滴的感情累积，不断加强沟通，有共识点与良好的感情基础，沟通协调自然就更容易了。

3.语言沟通

语言沟通就是物业服务者以文明礼貌、规范清晰的语言，良好的仪容仪表，在服务过程中向服务对象提供诚恳的服务。

语言沟通是物业服务中最常用的沟通方式，也是最容易被忽略与简单对待的问题。具体表现如图2-2所示。

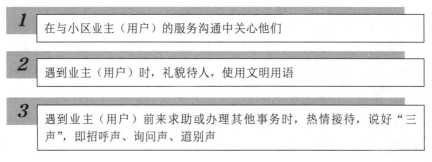

1　在与小区业主（用户）的服务沟通中关心他们

2　遇到业主（用户）时，礼貌待人，使用文明用语

3　遇到业主（用户）前来求助或办理其他事务时，热情接待，说好"三声"，即招呼声、询问声、道别声

图2-2　语言沟通的表现

这样一方面是对业主（用户）的礼貌与尊重，表达了物业服务人员的真诚；另一方面也在提示诚恳服务的重要性。

在物业服务的过程中，应多提倡使用文明用语，在与业主（用户）的沟通交流时注意换位思考，尊重对方的表达方式与语言习惯，有效地传递物业服务的有关信息，阐述物业公司的观点，同时注意收集业主（用户）言语中透露出的服务需求，及时提供业主（用户）需要的服务，这样不仅可以拉近与业主（用户）之间的情感距离，还能提高物业服务的用户满意率。

4.行为沟通

行为沟通就是以规范的管理、标准的操作、及时的服务，通过物业服务工作者的专业服务行为来得到业主（用户）的理解与尊重。

物业无小事，员工的个体行为代表着企业，物业公司员工的优质服务行为能带来业主（用户）对物业公司的良好认知。因此，应当让所有员工共同参与小区事务管理，将每项服务的细节做好，把无形的服务变成有形的工作行为并体现在业主（用户）面前，具体表现如图2-3所示。

表现一	当遇到有业主（用户）求助时，不推诿、不敷衍，马上处理
表现二	业主（用户）需要解决困难时，尽最大努力及时解决，急业主（用户）之所急，想业主（用户）之所想，把麻烦与困难留给自己，将方便、快捷留给业主（用户）
表现三	创造良好、舒适的小区环境
表现四	物业管理人员下到小区管理现场，巡视小区、接访小区业主（用户），及时了解、发现服务过程中存在的问题
表现五	现场虚心听取业主（用户）对小区建设和管理的看法、建议，收集业主（用户）的合理化意见
表现六	对合理化建议应及时采纳和改正，努力满足业主（用户）的合理要求，创造更具人性化的居住环境

图2-3　行为沟通的表现

通过优质物业服务这种有形的行为沟通，来体现良好的企业形象，无疑会得到广大业主（用户）的赞赏与认同，与业主（用户）的关系也会更为融洽。

物业管理实践经验深刻揭示：有效沟通是增进信任、化解矛盾、消除误解、解决问题的最佳方法。

问题16：如何通过各类文书与业主（用户）沟通？

由于物业管理服务提供的产品是无形的服务，而且有很多服务是业主不容易感知到的，造成业主对物管人员所做的大部分工作毫不知情，比如房屋及设备设施的日常维护和保养、每月化粪池的清掏、公共设施的消毒等，以至于业主对其服务产生怀疑，质疑物业公司并无大用，物管费收取过高。因此管理处应善用小区的告示栏，将各项工作告知业主，同时应该每月作出工作总结并张贴在小区的告示栏内，工作总结应该尽可能细致，对各个部门的工作如实进行汇总，使业主能充分了解到物业管理日常工作的烦琐，如果有条件还可以开展"公开日"活动，让业主代表参观监控室或参与其他物业管理的日常工作，使其实际体会到物业管理工作的艰辛，从而增加对物业管理的了解。

在日常物业管理活动中，物业公司在告示栏里可以通过一些如通知、简讯、提示、启事、通告等各类文书来告知业主有关物业服务的事项。发布各类文书的要求如图2-4所示。

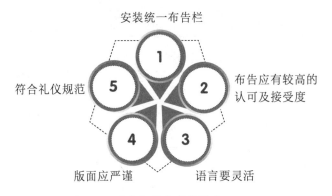

图2-4　发布各类文书的要求

1.安装统一布告栏

发布日常布告通常以书面形式为主。在以居住为主的小区内，可将布告张贴在小区主要出入口、每栋住宅楼的一楼大堂或电梯前厅。物业公司一般会在以上地点安装统一的布告栏，以便业主（用户）习惯于时刻注意布告栏中公告的内容，在第一时间了解最新信息。

布告栏应制作精美、大方，与周围环境相映衬，以此保证小区内公共场所的美观。

对于商业楼宇物业而言，可将布告分发到各单位或投入到信箱内。

2.布告应有较高的认可及接受度

日常布告一般是物业公司单方面主动发布，业主（用户）被动接受信息，而且只能通过书面文字表达意思，属于物业公司与业主（用户）沟通的一种特殊形式。所以在拟订布告内容时，为保证业主（用户）对布告有较高的认可及接受度，应注意以下两点。

（1）形式要规范。物业公司向业主（用户）发布的日常布告主要有通知、启事、通告、提示、简讯等形式。无论哪一种形式，都属于公文的一种，格式要求规范，因此，发布日常布告时应注意形式上要规范。

（2）一个信息一个布告。物业公司发布新的布告后，大部分业主（用户）都是在经过布告栏时顺便留意布告的内容，停留的时间很短暂。为使业主（用户）在最短时间内得到准确的信息，最大限度降低信息的流失量，发布时应注意布告内容单一，避免有多个不同内容出现在同一布告内；布告的语言要简练明确，尽量使篇幅短小精练，以保证信息传达得快速而准确。

3.语言要灵活

不同形式的布告，内容也不一样，物业公司发布的每一类布告都有其不同的目的，对业主（用户）收到信息时的反应效果要求也各不相同，而这些差异主要可通过语言组织、措辞等表现出来，不同的语言表达可表现出发布者的不同态度。因而，为使业主

（用户）能更准确地接收信息，可在语言上灵活运用，将实际目的准确地表达出来。

4.版面应严谨

在以居住为主的小区内，由于布告对象较多，管理人员应注意布告版面要严谨。对于纸张的大小、字体类型及颜色等都应作统一规定，如发布通知、通告等布告时采用A4型纸张、宋体字，另外，对字体的大小也可作统一的规定，如标题用三号字、正文用小四号字等。

5.符合礼仪规范

物业管理人员在拟订布告文稿时，应使用符合礼节规范的礼貌用语，如文稿台头使用"尊敬的业主（用户）"，正文中对业主（用户）的称谓使用敬称"您"等。另外，无论发布任何类别的布告，都应始终保持对业主（用户）尊敬的语气，决不能使用过分批判甚至侮辱性的文字。如确有必要批评业主（用户），也应在语言组织上灵活应用，使用婉转或较易接受的措辞，以取得满意的效果。

问题17：如何利用微信与业主（用户）沟通？

在互联网的不断冲击下，传统的物业管理模式正在不断发生各种各样的变化。据了解，现在很多物业公司，都在用微信和小区业主（用户）进行沟通。

1.微信群沟通

信息时代发展，人与人的联系方式方法从单一的短信、电话，发展到现在多元的QQ、微信、微信群等。现在很多物业公司都建立了业主（用户）微信群，客服人员在群里为大家提供物业咨询服务，居民还可以在群里进行物业报修，大家在群里互动交流，彼此了解，不仅物业工作人员和业主（用户）的关系被拉近了，业主（用户）之间的邻里关系也变得更加和睦。

客服人员使用微信群沟通时要注意图2-5所示的事项。

2.微信公众号沟通

如今，为了实现线上线下一体化服务，全面提高服务质量，拓展物业的增值服务，很多物业公司相继开通了微信公众号。业主（用户）可以通过微信公众号随时随地了解物业服务和社区生活资讯。客服人员可以对社区住户的在线询问信息、反馈投诉与建议，给予一对一的回复，及时解决用户问题，从而提升服务质量和用户满意。

一般来说，客服人员通过公众号平台与业主（用户）沟通应注意图2-6所示的事项。

事项一	要尽量及时回复对方,如果无法及时回复也要向对方解释一下理由,比如,你需要查询一下信息才能回答对方的问题,那么最好先回复一下"稍等,我需要查询一下"
事项二	信息完整地发送,一段完整的话要一次性发送。人类的阅读习惯是一片一片读,如果一句句地看,不但效率低,也容易找不到重点,还容易被其他人的话打断成几截,当然也别超过200个字,否则看起来会很累
事项三	重要的消息请打草稿,至少不要有错别字。微信沟通更类似书面沟通,太过口语化、错别字满屏,会降低沟通效率
事项四	少发语音,除非你实在时间紧迫,或不方便打字,但请事前说明。这是由于连续很长的语音,会降低对方交流的欲望,从另一个角度来讲,语音在有些场合不方便听,并且也没有办法转发,这会给工作的交流带来不便

图2-5 使用微信工作群的注意事项

图2-6 公众号沟通的注意事项

(1)极速回复业主(用户),留下良好的印象。对在线客服的服务人员来说,回复业主(用户)是有黄金时间的,如果没有在黄金时间内回复,就会让业主(用户)感到不耐烦,从而对物业公司产生不信任。由此可见,极速回复对于在线客服而言是相当重要的,只有在较短的时间内回复业主(用户)才能赢得对方的良好印象。

(2)使用场景语气拉近与业主(用户)之间的关系。当有业主(用户)在线咨询时,说明这个业主(用户)一定会有需求,而针对不同的业主(用户)肯定有不同的需求,这就需要在线客服人员能够快速处理业主(用户)信息,理解业主(用户)真实需求,迅速为业主(用户)提供解决方案并帮助其解决问题,展现优秀的专业素养。

当面对不是特别紧急、想要了解更多信息的业主(用户)时,应该耐心解答业主(用户)问题,多使用场景语气词拉近双方的关系。

(3)有条理,逐一回复业主(用户)问题。一般情况下,在线客服人员在进行服务时,同一时间可能会服务多个业主(用户),而有的业主(用户)就会比较焦急,希望能第一时间得到客服人员的回复。这时,在线客服人员千万不可表现出不耐烦情绪,而是应该尽量安慰业主(用户),耐心地为业主(用户)一一解答,逐条解答更有条理性,以便实现高效沟通。

问题18：实践中与业主（用户）沟通有什么技巧？

管理实践中，物管人员会遇到各种突发情况，不同的情况，要使用不同的沟通技巧，而业主（用户）的异质化程度高，有的知书达理，有的蛮横无理，面对不同的业主（用户），也要会使用不同的沟通技巧，才能化干戈为玉帛。图2-7所列是行之有效的物业管理实践中的沟通技巧。

图2-7　物业管理实践中的沟通技巧

1.换位思考

换位思考是指人对人的一种心理体验过程，将心比心，设身处地为他人着想，这是达成良好沟通不可缺少的心理机制。它客观上要求我们将自己的内心世界，如情感体验、思维方式等与对方联系起来，站在对方的立场上体验和思考问题，从而与对方在情感上得到沟通，为增进理解奠定基础。在物业管理实践中，换位思考是化解层出不穷的矛盾冲突时最常用的沟通技巧。物管人员和业主（用户）发生矛盾时，物管人员要换位思考，站在业主（用户）的角度去考虑问题，体会业主（用户）的心情，并且引导业主（用户）进行换位思考，去体谅物管人员的难处，理解与之有矛盾的做法，从而解决问题。

某中档小区，开发商为保持楼盘外观的美观，曾与物业公司签约规定，任何人不得封闭阳台。但开发商与业主的销售合同书上并未明确此条款，因此当业主想封阳台遭拒绝时，迁怒于物业公司，许多业主联合起来拒交物业服务费。物业公司并没有采取与业主对立的做法，而是从业主角度去考虑，尽可能地去了解业主行为的动机。

通过多次到实地调查研究，他们发现由于该城市的风沙较大，不封闭阳台，的确会给业主的生活和安全造成不便和隐患。但开发商认为封闭阳台，会影响外墙的美观。物业管理公司经过再三斟酌，认为应该从实际出发，以人为本，要把给业主留下安居环境作为首要因素来考虑。通过与开发商的反复协商，最终达成共识：阳台可以封，但要统一规格、材料等，既满足业主的要求，又不影响外墙的美观。而业主也认识到物业公司当初禁止封闭阳台是与开发商的约定，也是从维护小区整体外观的角度去考虑问题的，是为了广大业主的利益。经过换位思考后，双方消除误会，握手言欢。

2.多管齐下

多管齐下，意思是指单凭一方或一己之力，很难解决问题，若汇聚各方力量、多人之力，问题就会迎刃而解。俗话说"一个好汉三个帮"，有时光靠物管人员的努力，并不能解决与业主（用户）的纠纷，需要借助社区、业委会、政府主管部门等第三方力量，共同协作，把问题解决。第三方独立于物管人员和业主（用户）两方，因为没有利益冲突，所以更容易客观地看待事情，从中立的角度分析双方的过错得失，有利于公平、公正地解决问题。在实际沟通过程中，多管齐下不仅指借助第三方力量，还指灵活运用其他的力量，如业主（用户）家中明事理的家人、与业主（用户）相熟的其他物管人员等。

某物管人员小王，接到业主的投诉，称他所在的居民楼，有人在楼梯拐角处放煤炉烧水，污染空气，也影响过往通行。小王找煤炉的主人李先生核实情况，请他遵守《业主公约》，不要为了自己方便，就将煤炉这样的私人物品，放在公共的区域里，影响整体的环境。李先生丝毫不理睬小王的话，还是将煤炉放在老地方，于是小王接连去了李先生家三次，苦口婆心地请李先生尊重相邻业主的权益，可李先生非常固执，执意要将煤炉放在那里。李先生不讲理，可事情还是要解决，于是小王想到请与李先生有交情的保洁员小胡出面，和李先生沟通，劝他把煤炉拎回家。然后小王又请李先生的母亲帮忙做他的思想工作，李先生是孝子，又讲兄弟义气，经过多方面努力，问题得以解决。多管齐下，是非常积极的沟通技巧，一条路走不通，想方设法从其他方面入手，寻求缓解人际矛盾的各种力量，共同解决纠纷，促进小区和谐。

3.恰如其分

恰如其分，就是恰处中间，既不过分，亦非不及，指办事或说话正合分寸。恰如其分，不多一分，不少一分，对分寸拿捏得当，才能化解潜在的危机，巧妙处理各种突发的事件。物业管理实践中的人际沟通，是一门复杂的艺术，人与人之间的交往，有利益的驱动，更有情感的联系。物管人员与业主（用户）建立深厚的感情，业主（用户）信任物管人员，物管人员关心业主（用户），但并不意味着可以不讲原则，有时还必须做到公私分明，否则做事情始终考虑人情，而不考虑规则，就会打破管理的秩序，影响管理的效率。

业主张先生与物管人员关系一向很好，物业公司搞活动需要帮助时，他都出了很多力。但当他提出想在家中饲养一条大蟒蛇作宠物时，物管人员坚决反对，因为《业主公约》里有具体的规定，业主不能在家中饲养一些有危险性的动物。若张先生家中有蟒蛇，哪天忘记关门，蟒蛇爬出来，会给其他业主带来很大的威胁。张先生认为物管人员太不够意思，一点不通融，物管人员向他说明情况，并表示如果不违反规定，张先生有任何困难，物管人员都会给予最热忱的帮助。张先生最终理解了物管人员的做法，恢复了与他们的良好关系。人情归人情，原则性的问题不能通融，不能模糊了界限，要做到恰如其分。

4.委曲求全

委曲求全是指为了求全，忍受一时的委屈。委曲即勉强、忍让、迁就；全即全部、整体、大局。老子说过"曲则全"，就是后退、谦让，退一步"海阔天空"的意思。物业管理，管理的是物业，服务的是人，天天与人打交道，是一项复杂而艰辛的工作。物管人员提供服务，与业主（用户）抬头不见低头见，一点委屈都不能承受，就会与业主（用户）关系搞僵，不利于企业长期的发展。物管人员为业主（用户）排忧解难时，有时会遇到有苦难言的情况，为了企业的形象，为了良好的口碑，应该掌握委曲求全的沟通技巧，以一己的忍让，换得业主（用户）的满意。

某业主家中沐浴器出水太小，请物业维修人员上门察看是否水管有问题。维修人员一时查不出原因，业主要开沐浴器，浇了维修人员一身的水。维修人员一声不响地重新检查沐浴器，发现了问题的症结：业主的沐浴器使用时间过长，锈渍堵塞了出水眼。维修人员为业主解决问题后，全身湿淋淋地离开业主家，虽然心里很委屈，但选择了冷静克制。如果当时维修人员受不了气，与业主激烈争吵，或是收拾工具，表示不修了，势必引起业主更大的愤怒，对物管人员产生敌对心理。

5.以退为进

以退为进，是指以暂时的退让，取得更大的进展。有时针锋相对，并不是解决冲突问题的最好办法，适度的退让，反而有利于沟通。不争一时意气，避其锋芒，等业主（用户）冷静下来，再去进一步沟通，并且相信问题一定能圆满解决，运用"以退为进"的沟通技巧，表现了物管人员处理问题的智慧、耐心和信心。

某高层住宅电梯发生故障，物业公司领导立即赶到现场，按照事先制定的紧急预案组织有关人员进行抢修。经过50分钟的紧急处置，电梯故障得以排除。当被困的3位业主走出电梯时，物业领导向他们解释故障发生原因，并真诚地道歉，安抚他们的情绪。但业主们却不领情，破口大骂，认为物业失职，还要向媒体投诉。这时物业公司领导说什么，业主也听不进去，说一句回十句，强行沟通，反而会激起业主更大的反感。物业领导审时度势，觉得还是冷处理较好，业主正在气头上，即使努力沟通，效果也是事倍功半，不如以退为进，等到第二天再向业主致歉。第二天领导派人送了水果篮给3位业主，并以卡片的形式向业主说明物管人员日常对电梯的维护保养工作是到位的，电梯故障是突发情况，让业主受惊，表示歉意，而业主气消了，也认为当时自己太冲动，口不择言，对物管人员太苛刻。双方冰释前嫌，关系比以前更加融洽。

6.亡羊补牢

亡羊补牢，是指错误发生以后，如果及时挽救，还为时未晚。物业管理是一个风险很高的行业，如车辆被盗、业主（用户）财产受损、业主（用户）人身受到伤害等，即使物管工作做得再好，也是防不胜防，不能完全避免物业风险。当风险发生，唯有吸取教训，把不足的地方补全，把导致隐患的部分修正，更严格地要求自己，工作做得更细致认真，才能降低未来的风险，让公司在挫折中不断成长。

某小区有幢楼4户人家白天被小偷撬了门锁，因防盗门较结实，小偷没能撬开大门，因而没有实质性的偷盗行为。虽然业主家中财产并没受损，但物业公司认识到了安保工作有漏洞，由物业主管向这4户业主道歉，表示以后要增加小区、楼道巡逻次数，完善小区进入人员登记制度，让业主居住更安全。这幢楼附近，开发商当初并未设置红外探头，属监控死角。而这幢楼靠近小区西边的围墙上有个缺口，物业公司一直想把缺口补修起来，但由于围墙外有个菜场，有些居民为了买菜方便，会从这个缺口进进出出，因此强烈反对物业公司修补围墙。物业公司立即联系开发商，协调补装了探头，又联系业委会，商讨修补围墙一事，缺口虽然方便了居民买菜，但不利于小区封闭管理，为秩序维护、安全管理带来隐患。物业公司向业主们分析利弊，小偷大白天撬了4户人家的门，如此猖狂，到底是买菜方便重要，还是安全重要？业主们认识到了安全第一，也被物业公司"亡羊补牢"的精神感动，增进了信任，以后也更配合物业公司的工作了。

7.察言观色

有数据表明，人们在沟通时，一部分效果来自于说话的内容，另一部分取决于肢体语言（面部表情、身体姿势等）。所以，在解读业主（用户）心意时，重要的不只是他说了些什么，更重要的是他怎么说，有着怎样的面部表情及体态表现，这就是察言观色。业主（用户）怎么想、怎么做、为什么要那样、出于什么目的？业主（用户）的言行总是以自身利益为出发点，物业人员要通过察言观色，了解他们所思所想，揣摩说什么话他们能接受，拿出什么方案他们会认可，以实现最有效的沟通。

某业主怒气冲冲地来到物业管理处投诉，说她的亲戚来看她，却被小区秩序维护员挡在外面，不让进小区。物业接待人员了解了事情原委，原来是亲戚没有携带有效证件，秩序维护员虽已知他是业主的亲戚，但出于安全考虑，没有放行，引起业主的强烈不满。接待人员发现业主性子比较急，连珠炮一般的话语，容不得别人插话。这时若直接用言语和她沟通，很可能与她争论，未必有好的效果，于是接待人员请她坐下来，倒茶给她喝，耐心地听她把话说完，看她的表情渐渐平静下来，身体开始放松，再与她分析情况，表明态度。接待人员表示接受批评，并向她和她的亲戚表示歉意，承认秩序维护员工作没做到位，缺乏灵活性，给业主的生活带来了不便，并表示会向领导反映她的意见，在以后的工作中加以改进。

接待人员正是凭借察言观色，判断业主的性格特征，恰当处理了问题，在沟通过程中，注意观察业主当时的情绪特点并做相应的对策准备，从而达成了与业主之间的积极良性的沟通。当业主面色和缓，与之前的神态判若两人时，接待人员再进一步向她解释秩序维护员之所以这样做，也是为了保证小区内业主和住户的人身及财产安全，物业管理处制定了有关控制外来闲杂人员出入的规定，以及对外来人员严格执行检查有效证件及登记的制度。秩序维护员按章办事，但灵活性不够，业主刚才反应有点过激，不能一味地批评秩序维护员，也应该理解秩序维护员的做法。业主感受到了接待人员的诚恳，并认可接待人员的处理方式。

8.重点突破

重点突破，也就是集中精力，突破"关键的少数"，以发挥"以点带面"的作用。解决头绪众多的问题，或是大面积发生的问题，一时会觉得无从下手，但若能抓住"关键的少数"，就会化难为易、化繁为简，取得突破性的进展。物业实践中，很多物业公司感到头疼的就是"收费难"的问题。业主（用户）们有时对物业人员过于苛求，稍有不满就拒缴管理费。诚然有的物业公司缺乏服务业主（用户）的意识而导致业主（用户）抱怨，但缴纳物业管理费用是业主（用户）的义务，不能因对物业管理工作不满意就拒缴管理费用，可以通过向政府主管部门反映，或找业委会、法律诉讼等途径去解决问题。

面对业主（用户）当中的"欠费大户"，物业管理企业要重点突破，一旦收到成效，必然会对其他欠费的业主（用户）产生警示作用。

某物业公司接手管理一处写字楼以来，工作勤勉，对业主负责，也采取多种措施催缴物业管理费，但业主欠费累计高达数百万元。为了保障自己的合法权益，加大清欠工作的力度，物业公司选择几个欠费大户作为重点，提起诉讼，最后法院判决物业公司胜诉，依法收取欠费大户拖欠的物业管理费。诉讼结果被公示以后，对其他欠费业主有了很大的触动，物业公司再去收缴欠费，就容易多了。

因为时间成本、经济成本等制约，物业公司不向所有欠费业主提起诉讼，而是选择其中的欠费大户重点突破，势必收到很好的效用。

9.顺水推舟

顺水推舟，是指顺着水流的方向推船，比喻顺着某个趋势或某种方向说话办事。物管人员有时要顺应业主（用户）的思路去行事，于业主（用户）方便，就是于己方便，让业主（用户）心里舒服，自己心里也舒服，冲突也会迎刃而解。在处理一些非原则性问题时，可以运用这种沟通技巧，若是业主（用户）违反了有关法律法规，犯了原则性错误，就不能顺水推舟了。这里要强调的是，顺水推舟，并不是指机械地一味以业主（用户）的意愿去行事，而是在顺应业主（用户）情感脉络和思维轨迹的大方向上，作出一些变通，让矛盾得以化解。

某小区业主投诉他家楼上有人养鸡，鸡每天天不亮就打鸣，严重影响了他全家的休息，要求物管人员马上处理这个问题。经过调查发现，楼上业主是一对新婚夫妇，其家乡有在新婚期间养鸡报喜的风俗习惯，所以才在家中养了一只大公鸡，而且按照惯例，公鸡至少要养一个月。物管人员了解情况后，上门与这对新婚夫妇沟通，先是恭贺新禧，再聊各地新婚习俗，将话题引到公鸡报喜上面，不知不觉拉近了与业主的距离。最后物管人员点明来意，楼下业主投诉楼里养鸡，一方面要尊重各地习俗，一方面城市住宅楼里养鸡，的确会给邻居带来滋扰，建议这对新婚夫妇将公鸡放养到郊区，让它为更多的人报喜。这样，既顺应新婚夫妇公鸡报喜的思路，又解决了公鸡扰邻的问题，楼上楼下业主都满意了，物管人员以后的工作就更好开展了。

10.有备无患

有备无患，指的是事先准备，就可以避免祸患。做任何事情都应该事先准备，以免临时手忙脚乱。物业管理实践中，会经常遇到突发的事件，如果事先不做充足的准备，一旦出现问题就会惊慌失措，处于被动局面，会给业主（用户）一种办事能力低下的印象。

问题19：如何与业主委员会沟通？

业主委员会的角色是独特的，委员们都是来自于业主中间，因此也都了解业主们的心态，知道该用什么方法处理好一些棘手的事，而且委员们来自社会的各行各业，有丰富的社会经验和高超的处事技巧。所以，物业经理在日常工作中应与之进行有效的沟通，以获得他们的支持与帮助。

1.有效沟通的原则

物业经理与业主委员会进行有效沟通应遵循图2-8所示的原则。

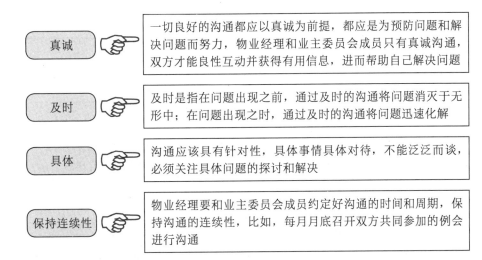

真诚 👉 一切良好的沟通都应以真诚为前提，都应是为预防问题和解决问题而努力，物业经理和业主委员会成员只有真诚沟通，双方才能良性互动并获得有用信息，进而帮助自己解决问题

及时 👉 及时是指在问题出现之前，通过及时的沟通将问题消灭于无形中；在问题出现之时，通过及时的沟通将问题迅速化解

具体 👉 沟通应该具有针对性，具体事情具体对待，不能泛泛而谈，必须关注具体问题的探讨和解决

保持连续性 👉 物业经理要和业主委员会成员约定好沟通的时间和周期，保持沟通的连续性，比如，每月月底召开双方共同参加的例会进行沟通

图2-8　有效沟通的原则

2.有效沟通的方式

物业公司与业主委员会之间的有效沟通，是物业管理控制成本最低化的必需条件。物业经理在积极运用信函、公告等沟通方式的同时如果采取恳谈会进行沟通，则可以使沟通直接、明了且具有平等性。在此主要对恳谈会作如下介绍。

（1）恳谈会的种类。恳谈会的种类主要有表2-1所示的3种。

（2）开好业主恳谈会的步骤。开好业主恳谈会的步骤如表2-2所示。

表2-1　恳谈会的种类

序号	种类	具体说明
1	邀请式	邀请式是一种由物业公司向业主委员会及业主发出通知召开恳谈会，解决有关问题的形式。管理处针对物业管理服务中出现的重大问题或事项（如物管费的核定及收取、治安管理、水电费代收代缴等），需要征求广大业主的意见，并基本形成统一认识时，就可以向业主委员会负责人提出召开恳谈会的时间、主要议题等。这种形式对管理处来说，属较为正常的工作程序，管理处有充分时间准备，会议的效果一般都比较好
2	应接式	应接式是业主委员会对社区管理服务中存在的问题，向管理处提出召开会议的形式，管理处在遇到这种情况时，必须认真对待，尽可能及时召开恳谈会，同时要针对有关问题进行调查了解，收集资料，分析研究，提出整改措施或充分的解释意见，并形成文字依据
3	汇报式	汇报式是一种管理处按照正常程序，定期或不定期报告物管工作并请业主委员会审议或知晓的形式。通过这种恳谈会，可以使业主了解物业管理的工作内容、政策法规和管理处付出的劳动，还可以使业主、用户了解物业管理各项费用的收支是否合理和目前存在的经费困难及其他问题，以达到相互理解、相互支持的目的

表2-2　开好业主恳谈会的步骤

序号	步骤	具体说明
1	做好会前准备	拟订恳谈会议题，收集有关数据资料，与业主委员会成员进行沟通并达成共识，下发通知、布置会场等
2	引导控制会议	（1）要力求使会议气氛和谐、议题明确 （2）要随时掌握中心问题，尽量减少偏题现象 （3）要善于协调关系，化解矛盾，合理配置会议时间 （4）要注意原则性与灵活性的统一，动之以情，晓之以理
3	形成会议决议	（1）每次会议必须形成结论性意见，并以书面形式归档，重要会议或特殊议题还必须请管理委员会签字认可 （2）要尽快把会议决议向广大业主公布

关于物业公司与业主委员会沟通、协调的方式和要求，应以制度的形式确定下来，使之更规范。以下提供一份某物业公司与业主委员会沟通、协调规定的范本，仅供参考。

【范本】▶▶ --

物业公司与业主委员会沟通、协调规定

一、目的

为规范管理处与业主委员会沟通、协调工作，确保物业管理工作的顺利开展，特制定本规定。

二、适用范围

适用于物业公司在日常的管理服务工作中与业主委员会的正常工作往来。

三、职责

（1）管理处经理负责与业主委员会的沟通、协调。

（2）管理处公共事务部负责依照本规定实施与业主委员会的正常工作往来。

四、程序要点

1.与业主委员会的沟通、协调方式。

（1）工作协调、沟通会议。管理处应当每季度至少与业主委员会进行一次例行工作沟通会议，会议的主要内容是向业主委员会通报一个季度的财务支出状况和工作简况，解决需经业主委员会协助支持方能完成的问题。

（2）专题解决问题会议。在遇到需经业主委员会同意方能进行工作时，管理处经理应申请召开专题业主委员会会议，协商解决专项问题。

（3）每年6月底和12月底，管理处应同公司领导一起拜访业主委员会，召开专题工作茶话会，向业主委员会汇报全面的年度、半年度工作情况总结。

（4）定时工作沟通制度。

——每月5日前向业主委员会报送管理处财务损益表。

——每月10～15日期间接受业主、业主委员会的质询、审计。

——每季度的第一个月向业主委员会报送社区文化报刊、宣传品。

2. 下列物业管理工作应当及时向业主委员会申报，请求支持。

（1）计划使用本体维修基金对楼宇本体进行大、中修时。

（2）计划使用公用设施专项维修基金更新公用设施时。

（3）物业管理服务工作涉及部分业主利益，需业主委员会出面协调时。

（4）物业公司制定了新的管理措施需要业主委员会支持工作时。

（5）其他需向业主委员会请示、寻求支持的工作。

3. 下列情况出现时，物业公司应当及时通报业主委员会。

（1）新的物业管理法规颁布执行时。

（2）所管理的物业出现了重大变故或发生重大事件时。

（3）业主委员会的个别委员与物业公司有重大的工作分歧无法解决时。

（4）有重要的活动（如创优迎检）时。

（5）物业公司对个别业主执行违约金处罚时。

（6）其他应当向业主委员会通报的情况发生时。

4. 物业公司向业主委员会申报工作应当提前15日进行，通报情况应当在事实发生（决定）后的3个工作日内进行。

5. 物业公司向业主委员会申报工作、通报情况均应以书面形式送达。

6. 对业主委员会的质疑、建议、要求的处理要求。

（1）对业主委员会的质疑、建议、要求，管理处经理应认真倾听、记录。

（2）合理的质疑、建议、要求，应当在3个工作日内答复、解决。

（3）对不合理、不合法的质疑、建议、要求，管理处经理应当耐心解释，无论如何不允许不耐烦或言语失礼；对解决不了的问题，应当记录后迅速上报公司总经理，由总经理寻求解决方案。

7. 物业公司与业主委员会工作来往的信函、记录、决议，一律在管理处归档，长期保存。

3.沟通时的注意事项

（1）角色转换。在与业主委员会的交流和沟通中，物业经理要给予业主委员会足够的尊敬，使他们有发言权和用武之地，让他们畅享自己的劳动果实。

业主委员会中的委员都来自于业主，因此他们对业主的了解和业主对他们的信任是同等程度的，有了这种天然联系，业主委员会作出的决定也就容易被广大业主所接受。

因此，物业经理应积极与业委会沟通，在某些事情的处理上向其寻求帮助。

（2）合作与独立。合作是一门学问，合作中讲究妥协和理解。物业经理和业主委员会应该保持各自独立的存在和独立的特性，两者既特立独行又形影不离。

第二周　物业收费管理

作为物业公司，为业主（用户）提供了相应的服务后收取物业管理费是天经地义的一件事。为了避免发生物业管理费的矛盾纠纷，物业经理要做好物业收费管理。

问题20：物业服务费是如何构成的？

物业服务收费是指物业公司按照物业服务合同的约定，通过对房屋及配套的设施设备和相关场地进行维修、养护、管理，维护相关区域内的环境卫生和秩序，而向业主所收取的费用。

1.约定物业服务费用的形式

业主与物业公司可以采取包干制或酬金制等形式约定物业服务费用，如图2-9所示。

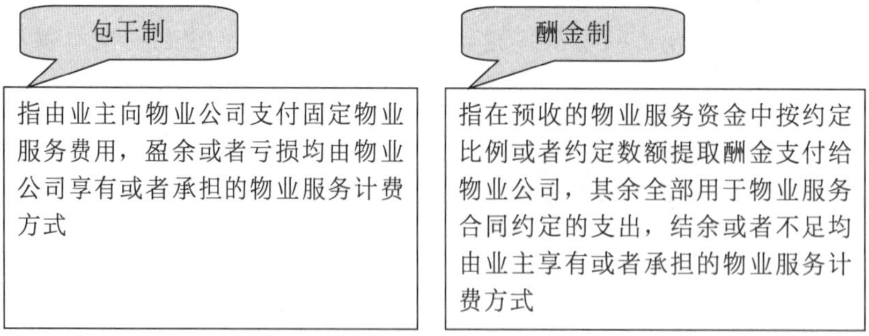

包干制	酬金制
指由业主向物业公司支付固定物业服务费用，盈余或者亏损均由物业公司享有或者承担的物业服务计费方式	指在预收的物业服务资金中按约定比例或者约定数额提取酬金支付给物业公司，其余全部用于物业服务合同约定的支出，结余或者不足均由业主享有或者承担的物业服务计费方式

图2-9　约定物业服务费用的形式

实行物业服务费用包干制的，物业服务费用的构成包括物业服务成本、法定税费和物业公司的利润。实行物业服务费用酬金制的，预收的物业服务资金包括物业服务支出和物业公司的酬金。

2.物业服务成本或者物业服务支出构成

物业服务成本或者物业服务支出构成一般包括以下9部分，如图2-10所示。

管理和服务人员的工资、社会保险和按规定提取的福利费等
物业共用部位、共用设施设备的日常运行、维护费用
物业管理区域清洁卫生费用
物业管理区域绿化养护费用
物业管理区域秩序维护费用
办公费用
物业公司固定资产折旧
物业共用部位、共用设施设备及公众责任保险费用
经业主同意的其他费用

图2-10　物业服务成本或者物业服务支出构成

特别提示

物业共用部位、共用设施设备的大修、中修和更新、改造费用，应当通过专项维修资金予以列支，不得计入物业服务支出或者物业服务成本。

问题21：物业收费的程序是什么？

每月开展收费工作前，物业经理要督促企业员工将收费通知单及时送达业主（用户）的手中，并由业主（用户）签收。

1.物业收费的常规流程

一般来说，物业收费的常规流程如图2-11所示。

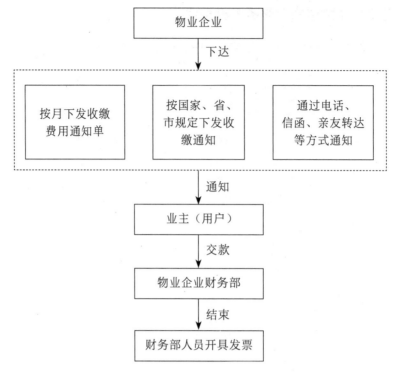

图2-11　物业收费的常规流程

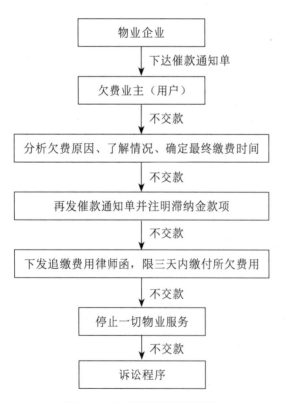

图2-12　物业费用的追讨流程

2.物业费用的追讨流程

当上月费用被拖欠时，物业企业应在第二个月向业主（用户）发催款通知单。此单上应将上月费用连同滞纳金以及本月费用一起通知业主（用户），并经常以电话催缴。当然，在通话中要注意文明礼貌。

如果第二个月仍被拖欠，物业企业将在第三个月第二次发催款通知单，即将此前两个月的费用、滞纳金和当月费用一并通知，并限期三天内缴清。三天过后，物业企业将根据管理公约停止对其服务。如果业主（用户）经收费员上门催缴仍然拒付，物业企业可根据管理制度以及相应的法律程序处理。物业企业可将这些条款写进管理公约中，依照法定程序去执行。

物业费用的追讨流程如图2-12所示。

问题22：如何应对收费难的问题？

物业企业在物业收费过程中经常遇到收费难的问题，因此产生的纠纷和矛盾非常多，物业经理应采取适当措施应对。

1.弄清业主拖欠的原因

几乎所有的业主在不及时缴纳物业管理相关费用时，都会找出各种各样的理由和借口。

比如，对物业管理中的保安服务不满意、对物业企业的工作人员服务态度不满意、对保洁服务不到位有意见、公共设备或设施权属问题不明、家中东西被盗等。

当被拖欠费用时，物业经理应立即对业主所提出的各种理由进行判断，分析其拖欠的真实原因和意图。一般来说，有如下两种原因。

（1）善意拖欠。其中有一些确属物业企业方面的原因造成，称之为"善意拖欠"。对于善意拖欠，物业经理可通过及时沟通、协调，达成一致的解决办法，意在及时收回欠款的同时维护与业主的良好关系。

（2）恶意拖欠。如果针对物业企业某方面工作不满意，从而拒交所有的费用，包括水、电、气等费用，造成物业企业不但未能收到物业管理费，还要垫付业主自家所有的费用及理应由其承担的水、电公摊费，这种则属"恶意拖欠"。对于恶意拖欠，物业经理则必须给予高度重视并采取强有力的追讨措施，加强对应收账款（费用）收回情况的监督。

2.密切关注应收账款（费用）的回收情况

一般来讲，拖欠的时间越长，催收的难度越大，款项收回的可能性越小。因此，物业经理应密切关注应收账款（费用）的回收情况，以免影响其他业主交纳相关费用的积极性。同时，积极回收账款（费用），也可以维护广大业主的合法权益。

（1）对已掌握的客户信息进行分析处理，对已形成欠款的客户进行分类，并要对重要客户进行重点关注。按照客户性质，可分为政府机构、大型企业、普通企业、个人客户等；按建立业务关系的时间来分，可分为老客户、新客户；也可以按欠款金额大小来分，分为重要客户、一般客户和零星客户。

（2）编制应收账款（费用）账龄分析表。利用应收账款（费用）账龄分析表可以了解物业企业有多少欠款尚在信用期内，这些款项虽然未超出信用期，但也不能放松管理、监督，以预防新的逾期账款（费用）发生。另外，有多少欠款会因拖欠时间太久而可能成为坏账，这些信息和分析数据都是物业企业制定收账政策和采取收账方式的重要依据。

3.选择恰当的收费策略

对于不同拖欠时间、不同信用品质的客户欠款，物业企业应采取不同的催款方法和策略，这样往往会收到事半功倍的效果。

（1）催款方式。催款的方式一般是循序渐进的，即信函、电话联系、上门面谈、协商或者仲裁、诉诸法律，其具体方式如图2-13所示。

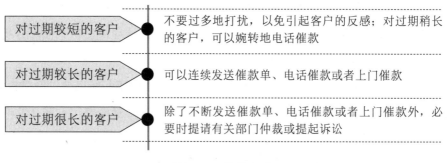

图2-13　催款方式

（2）防止超过诉讼时效。物业企业在应收账款（费用）的催收过程中，一定要想办法预防超过诉讼时效，要有意识地不造成诉讼时效的中断，以保全企业的收入。工作人员在催收欠款时，要争取收集到欠款的证据，依法使诉讼期间延后。

比如，工作人员亲自上门送催款单并请债务人（业主）签字；对部分还款的债务人（业主）应请求其在发票或者收据上签字；对欠款金额比较大的债务人（业主）可以请求其制订还款计划，双方在还款计划书上签字确认。

（3）对欠费业主保持足够的压力。业主拖欠时间长短往往取决于物业企业收款人员的态度。大多数严重拖欠都是发生在拖欠的早期，物业企业的收款人员没有对欠费业主保持足够的收款压力。为了有效地对欠费业主保持足够的压力，应注意如图2-14所示的三点。

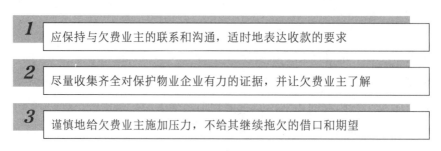

图2-14　对欠费业主施加压力的注意要点

4.建立应收账款（费用）坏账制度

无论物业企业采取什么样的信用政策，只要存在商业信用行为，发生坏账损失总是不可避免的。

既然应收账款（费用）的坏账损失无法避免，企业就应遵循谨慎性原则，对发生坏账损失的可能性预先进行估计，建立应收账款（费用）坏账准备制度。物业企业应根据业主的财务状况，正确估计应收账款（费用）的坏账风险，选择适当的坏账会计政策。

根据现行会计制度规定，只要应收账款（费用）逾期未收回，符合坏账损失的确认标准之一的，物业企业均可采用备抵法进行坏账损失处理。

但在实际操作中，大多数物业企业对业主未交物业管理费这部分逾期收入，在当期都没有进行账面反映，也没有计提坏账损失。这样，一是当期反映的管理费收支结余不真实；二是少数人不交物业管理费，损害的是大多数业主的利益，很不公平。因此，物业企业应如实反映物业管理费的收入，对逾期未交的管理费不仅不要反映为收入，符合坏账损失确认标准的还要在当期计提坏账损失，真实反映该项目物业管理费的收支结余情况。

5.做好业主的沟通工作

业主欠费各有原因，物业经理应多走访欠费业主，深入了解情况，有针对性地多做说服沟通工作。对那些不了解情况、不理解收费道理、不明白收费用场、误解物业企业的欠费业主，经过解释说服，大多数都能改变态度。

热情、周到、真诚是有效开展物业管理各项服务工作的前提条件。作为物业经理，应时刻保持与业主的良好沟通，了解业主的需要，及时发现各种潜在的问题，并把它消灭在萌芽状态。

6.借助业主公约和业主委员会的力量

物业经理在走访业主的同时，还要借助业主公约和业主委员会的力量。业主公约是由业主共同制定的有关物业的共有部分和共同事务管理的协议，对全体业主具有约束力。

按时依约交费是业主公约规定的每个业主的应尽义务。物业企业应充分重视业主公约的作用，宣讲业主公约的精神，积极协助业主组织，督促业主履行业主公约，发挥业主公约的基础制约作用。

同时，物业经理可以要求业主委员会履行"物业管理条例"，赋予其帮助物业企业追讨欠费的义务。

7.完善物业管理服务合同

物业经理应制定双方权利义务明晰的服务合同，详细、明确地约定服务范围、项目、标准与收费方式及违约处罚办法等，为后期减少纠纷、解决纠纷打下良好的基础，这也是在许多外在条件不具备的情况下，物业企业与业主在解决相关问题方面可以着重依赖的途径。

问题23：如何公示物业费？

物业管理费的收取事关所有业主的切身利益，因此，物业经理必须根据国家规定将各种收费标准及时公布出来，以便业主了解自己被收取了哪些费用，让业主充分享受到对物业服务的知情权和控制权。

1.物业收费公示的内容

相关法规规定，所有物业公司均应将服务内容、服务标准、收费标准、收费依据、岗位设置、报修电话等信息，在住宅小区醒目位置进行公示，主动接受业主及相关部门的监督。

特别提示

如果业主发现小区物业企业未将收费标准等公示，可向区行政主管部门投诉予以纠正。

2.物业收费公示的方式

物业服务收费实行明码标价制度，物业公司应当在物业管理区域内的显著位置，将物业公司名称、收费对象、服务内容和标准、计费方式、计费起始时间、收费项目和标准、价格管理形式、收费依据、价格举报电话等有关情况进行长期公示，接受业主、住用人和价格主管部门的监督。

3.物业收费公示的时间

物业公司应当在每年3月底前在物业管理区域内的醒目位置公布管理区域内上一年度的相关物业经费收取、使用等情况，接受业主监督，且公示时间不得少于10天，并将公示材料送业主委员会（未成立业主委员会的送社区居委会）。

4.物业收费标准公示

物业收费标准随着物价等因素的影响而发生改变，物业经理要及时将变动的物业收费标准公布出来，避免在业主毫不知情的情况下收费。

5.物业收支情况公示

物业经理应将企业的管理费收费及支出公布出来，以便业主及时了解。一般来说，收支情况每个季度公布一次。

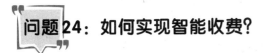

问题24：如何实现智能收费？

随着移动互联网时代的崛起，人们也越来越依赖网络，传统的物业收费方式已不能满足业主（用户）的需求。为提升业主（用户）的体验感，物业公司由传统计收费方式向专业化智能化计收费系统转型升级成为迫切需求。

1.实行在线收费

在移动支付越来越普及的今天，为业主提供便捷移动支付渠道，让业主缴费更方便，是物业公司应有的最基本的服务。

一般来说，物业费用的在线收取有表2-3所示的五种方式。

表2-3　物业在线缴费方式

序号	缴费方式		具体说明
1	微信公众号		现在不少物业公司都有开通服务号缴费功能，业主通过关注物业公司微信公众号，绑定业主身份后，即可在线完成相关物业费用的支付
2	支付宝生活号		业主通过关注物业公司收费软件的支付宝生活号，绑定业主身份后，即可在线完成相关物业费用的支付
3	扫码支付	物业收费人员扫码	业主前往物业公司管理处交费，打开个人手机微信或支付宝钱包，出示付款码，物业收费人员从物业收费系统中查询业主的欠费信息，并点击"扫码收款"功能按钮，使用连接到此办公电脑的扫码枪扫描业主的付款码即可完成收款
		账单二维码	物业公司管理处每月向未按时缴费的业主派发缴费通知单，通知单上印有可用于缴款的二维码，业主收到通知单后，使用手机扫描二维码即可完成查费缴费。业主无需安装APP或关注微信公众号，采用微信、支付宝、手机QQ或其他通用扫码工具即可扫码支付
		固定二维码	物业公司管理处在社区公共区域的醒目位置，发布固定的物业缴费二维码，业主通过手机扫码实现在线缴费
4	面对面收银	业主主动扫码	物业收费人员打开本企业办公APP，查询业主的欠费账单确认费用，并在办公APP中生成一个收款二维码，业主从个人手机打开微信或支付宝的"扫一扫"功能，扫描收费人员手机上的二维码，即可完成付款

序号	缴费方式		具体说明
4	面对面收银	物业收费人员主动扫码	物业收费人员打开本企业办公APP，查询业主的欠费账单确认费用，业主从个人手机打开微信或支付宝的付款码，物业收费人员使用办公APP的"扫一扫"功能扫描业主的付款码，即可完成付款
5	自助缴费机		如果物业公司安装了自助缴费机，业主可以通过自助缴费机，实时查询和缴纳物业费、停车费等费用

2.智能清欠催收

业主拖欠物业费的事情常有发生，物业催缴也成了物业管理工作中非常头疼的一项工作，物业管理人员曾为了催缴做出了很多"努力"，比如以直接上门、堵在门口、张榜拖欠名单等方式，其实这些方式多少都有点不尊重业主的，特别是张榜名单方式会泄漏业主的隐私，非常不可取，直接导致物业账款回收率低。

物业费催缴难的原因，除了有些业主恶意拖欠或缴费不便外，大部分的原因与物业管理服务工作的质量相关，比如业主维修申请迟迟不响应、业主投诉总是不处理、小区绿化长时间不打理、小区环境卫生差等原因，物业服务"不作为"导致业主对物业产生不满，并且认为物业费不值得交或物业费与实际服务不符而拒缴物业费。

针对物业与业主之间的矛盾，智慧物业管理系统可打造全新的物业管理方式，建立"无障碍沟通通道"，不同于传统物业管理信息接收延迟，物业响应慢，使用智慧物业管理系统，业主报修、投诉可在线一键提交，物业管理人员收到业主需求后，第一时间派单给相关人员去处理，速度快、效率高。

智慧物业管理系统还可以自动生成缴费账单明细，然后将账单发送到业主手机上，业主可以在手机上进行缴费，不需要花费时间到物业管理中心排队缴费。针对不及时缴费的业主，物业管理系统还可建立催缴功能，系统根据业主拖欠物业费程度的不同，一键发送不同的催缴短信，针对性比较强的催缴消息，不会让业主误以为是群发信息，而导致业主缴费不及时。

线上催收避免了人工上门、堵门、张榜拖欠名单等催收方式引发业主反感、不满情绪，物业与业主之间的关系也不会因为催收而受影响，系统催缴的成本更低、效率更高，账款回收率也更高。

特别提示

作为物业经理一定要明白，个别业主不按时缴纳费用势必影响整体服务质量，是对按时缴纳费用业主的一种侵权行为，在催收过程中要有礼有节、不卑不亢，做好与欠费者打心理战、持久战的心理准备。

▼

第三周　客户关系管理

物业管理公司属于服务性行业，提供服务商品，其客户就是业主或非业主使用人。物业管理公司在其经营、管理和服务的过程中，不可避免与业主或非业主使用人产生极其复杂的关系，因此实施客户关系管理对物业管理公司有着至关重要的意义。

问题25：客户关系管理需具备什么条件？

客户关系管理是一个复杂的系统工程，需要一定的条件来维持，主要包括硬件软件的支持、员工的支持、客户（业主）的参与、管理者的管理等。

1.硬件软件支持

依靠基础设施，通过多种渠道建立与客户的沟通，主要体现在以下3方面。

（1）管理信息系统的运用。这是客户关系管理运行的主要平台，主要是将现有的网络开发管理软件整合，利用客户关系管理系统来完成信息的收集和存储、事务安排处理以及辅助管理决策等。

（2）传统方式的运用。服务产品的特点决定物业公司的客户关系管理不能完全依赖网络，传统的方式有时候更便利、更通俗、更富有"人情味"。这方面主要包括信息栏、宣传橱窗、意见箱、问卷调查、用户手册等，但这方面的应用将越来越少。

（3）面对面的交流渠道。没有什么比面对面的交流更能增进双方的关系，物业公司绝对不应忽视这一点。如设立投诉咨询处、收发部等。

2.员工的支持

在物业公司担任直接服务性的人员，在业主（用户）看来其实就是服务产品的一部分。由于物业公司属于经营"高接触度"服务业务的企业，公司必须重视雇员的挑选、培训、激励的控制。在客户关系管理中，公司应当要求员工做到图2-15所示的六个方面。

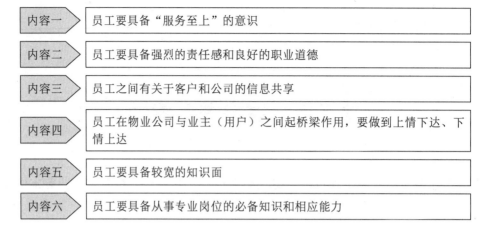

图2-15 员工应做到的方面

3.业主的参与

业主的参与过程就是消费的过程，也是提高服务质量的过程，更是维护自身权益的过程。

（1）业主委员会作用的发挥。业主委员会应当支持和配合物业公司的服务，加强与物业公司的交流，共同创造良好的生活环境和工作环境。

（2）业主平时的参与。业主平时就应当多提意见和建议，使自己能够获得更优质的服务，也使物业公司更好地了解客户需求。

问题26：如何走访客户？

物业公司要做好物业管理服务工作，加强与业主（用户）的联系，及时为业主（用户）排忧解难。同时，应不断总结经验教训，集思广益，改进管理水平，提高工作质量，并经常开展走访（回访）工作。做好走访（回访）工作，有利于促进物业公司和业主（用户）的关系，把工作做好，更好地为社区管理服务。

1.走访（回访）的方式

在进行走访（回访）时，为了不影响业主（用户）的正常生活、工作，一般采用电话走访（回访）的方法，还可以采取与业主（用户）交谈、现场查看、检查等方式综合进行。走访（回访）由物业公司派专人负责，不定时进行。

2.走访（回访）的内容

走访（回访）内容主要包括水、电、暖、气等生活设施的使用及管理，以及卫生管理、绿化管理、公共管理、维修质量、服务态度等方面的问题。

3.上门走访（回访）的安排

虽然信息时代流行电子邮件，或可以打电话、传真或文字沟通，但始终难以代替最古老最朴素的促膝长谈，双方的情绪、眼神、肢体语言、面部表情可以相互感染和影响，一杯热茶、一瞬微笑可以前嫌尽释，化干戈为玉帛，完全融解了文字的冰冷和电话的客套，有着其他方式无法比拟的优点，但也并非十全十美，当双方观点不一致和关系出现僵局时，稍有不慎有时反而导致矛盾升级。

（1）人员安排。走访业主时应注意一些问题，比如走访通常由两个人组成一个小组，人多了，反而给人感觉是去打架，给业主造成心理上的压力，业主端茶倒水都困难；小组成员通常是一男一女，不管业主是男是女，都不会引起尴尬和不便，成员之间也有了照应和第三者做个见证。

（2）走访的时间安排。走访的时间可以安排在业主下午下班后较为合适，占用业主休息时间也是不尊重对方的表现。走访的时间需长短适宜，太短达不到效果，太长影响业主正常生活，通常是20分钟或一个小时，当然也不宜一概而论。走访应提前预约，不能给业主突然袭击。

4.走访（回访）的细节

物业管理人员在走访（回访）业主（用户）时要讲究方法和技巧，才能够取得最佳效果。以下介绍一些走访时的细节事项，如表2-4所示。

表2-4 走访时的细节事项

序号	注意细节	具体说明
1	见面问候时最好点名道姓	进入业主（用户）家门时，我们通常会说："您好，见到您很高兴。"但如果这样说："王先生，您好，见到您很高兴。"其效果会更好，因为后者比前者要更亲切热情
2	如果业主（用户）没请你坐下，你最好站着	进入业主（用户）家时，如果他没请你坐下，最好不要自己坐下
3	不要急于出示随身携带的资料	只有在交谈中提及了，且已引起了对方的兴趣时，才向业主（用户）出示随身所带的资料。同时，走访前要做好充分的准备，针对你去业主（用户）家要解决的问题，预先要考虑业主（用户）可能会提出的一些问题，在业主（用户）提出问题时，应给予详细的解释或说明
4	主动开始谈话，珍惜时间	在走访时，应该主动开口，表达简洁准确，不要占用业主（用户）过多的时间，以免引起反感
5	时刻保持相应的热情	在走访时，如果对某一问题没有倾注足够的热情，那么，业主（用户）也可能会失去谈论这个问题的兴趣。当业主（用户）因为某些问题而情绪激动，不配合工作时，应提早结束走访，避免不仅不能解决原有的问题，而且又产生新问题，把事情弄得更糟

续表

序号	注意细节	具体说明
6	学会听的艺术	进行走访时，不仅要会说，还要学会倾听。听有两个要求，首先要给业主（用户）留出说话的时间；其次要"听话听音"。当业主（用户）在说话时，最好不要打断他，听他把话说完。应做好准备，以便利用恰当的时机给予响应，鼓励他讲下去。不能够认真聆听别人说话的人，也就不能够"听话听音"，更不能很好地回答对方的问题。在走访时应注意，不论是在社交场合，还是在工作中，善于听乃是一个人应有的素养
7	避免不良的动作和姿态	在走访时，应保持端庄得体，不做无关的动作或姿态，如玩弄手中的小东西、用手理头发、搅舌头、剔牙齿、掏耳朵、弄指甲或盯着天花板与对方身后的字画等，这些动作都有失风度。也千万不应忘记自己的身份而故作姿态，卖弄亲近，如"咱俩无话不谈，要是对别人，我才不提这个呢！"俚话和粗话更应避免
8	要善于"理乱麻"，学会清楚地表达	在说话时，表达应清晰准确，善于概括总结。不会概括的人，常令人不明所以；叙事没有重点，思维头绪混乱的人，会使人们茫然无绪，不知所措。注意自己说话的语气和语调，说话要保持清晰，喉音、鼻音不宜太重，语速徐缓，语调平稳，而充满朝气的语调会使自己显得年轻
9	注意衣着和发式	走访时记住自己代表着公司，体现本企业的形象，千万不要给人一种不整洁的印象，这样不仅无助于走访事情的解决，还会影响整个企业的形象
10	避免过度关心和说教	过度的关心和说教应该避免，要表现出诚意和合作精神
11	告别	走访结束出门时，要带好自己的随身物品，如公文包、资料等。告别语一定要适当并简练，千万不要在临出门时又引出新的话题

问题27：如何征询业主（用户）意见？

为加强物业管理处与小区业主（用户）之间的联系与沟通，及时了解业主（用户）的心声，应建立业主（用户）意见征询表制度。管理处每年一次通过"意见征询表"形式，征询业主（用户）意见及建议，并将重大投诉及其整改措施，用公开信形式张贴在小区宣传栏，与业主（用户）沟通。

1.意见征询的内容

征询的内容包括治安、车辆、清洁、绿化、公共设备设施、社区文化活动、便民服务等，管理处可视实际情况选择每次征询的内容。

2.意见征询的方式

征询方式一般为问卷调查。

下面提供一份问卷调查的范本，仅供参考。

🔍 【范本】▶▶▶ ---

物业服务满意度调查问卷

业主姓名：　　门牌号：　　车位号：　　车牌号：　　联系电话：

为了不断提高办公区物业管理的服务质量，我们非常希望了解您对我们物业管理中各项服务的真实感受，请在您认为最合适的选项中划"√"。该调查问卷是我们公司对20××年3月物业管理工作满意度进行的调查，同时也是我们今后改善物业管理的依据。

一、管理服务类

1.您对物业工作人员的行为规范、服务热情是否满意？

□非常满意　　□基本满意　　□不满意　　□非常不满意

2.您对物业公司客服热线的接听及时率是否满意？

□非常满意　　□基本满意　　□不满意　　□非常不满意

3.您对投诉的处理是否满意？

□非常满意　　□基本满意　　□不满意　　□非常不满意

二、秩序维护服务类

1.您对保安工作是否满意？

□非常满意　　□基本满意　　□不满意　　□非常不满意

2.您对保安夜间巡逻密度、巡逻线路是否满意？

□非常满意　　□基本满意　　□不满意　　□非常不满意

3.您对严格控制外来车辆、外来人员入内是否满意？

□非常满意　　□基本满意　　□不满意　　□非常不满意

4.您对车辆停放秩序是否满意？

□非常满意　　□基本满意　　□不满意　　□非常不满意

三、保洁服务类

1.您对保洁服务人员的工作态度是否满意？

□非常满意　　□基本满意　　□不满意　　□非常不满意

2.您对道路的卫生是否满意？

□非常满意　　□基本满意　　□不满意　　□非常不满意

3.您对室内和公共区域的卫生是否满意？

　　□非常满意　　　　□基本满意　　　　□不满意　　　　□非常不满意

4.您对绿化是否满意？

　　□非常满意　　　　□基本满意　　　　□不满意　　　　□非常不满意

四、维修服务类

1.您对目前维修服务工作总体评价？

　　□非常满意　　　　□基本满意　　　　□不满意　　　　□非常不满意

2.您对物业维修服务人员维修的及时性是否满意？

　　□非常满意　　　　□基本满意　　　　□不满意　　　　□非常不满意

3.物业公司对报修房屋质量问题的处理是否令您满意？

　　□非常满意　　　　□基本满意　　　　□不满意　　　　□非常不满意

五、其他类

1.您对我们物业整体的服务是否满意？

　　□非常满意　　　　□基本满意　　　　□不满意　　　　□非常不满意

2.你对物业服务不满意的主要原因是？（可多选）

　　□人员素质低　　　　　　　　□服务不到位

　　□服务态度差　　　　　　　　□资金使用不透明

　　□不听取业主的意见　　　　　□安保服务不到位

　　□该管的不管　　　　　　　　□其他请说明＿＿＿＿＿＿＿＿＿＿＿

3.您认为一个好的物业管理公司主要应具备哪些条件？（可多选）

　　□及时完善的专业服务　　　　□价格合理

　　□有资质　　　　　　　　　　□从业人员素质较高

　　□其他请注明＿＿＿＿＿＿＿＿＿＿＿

六、您对目前物业工作有何其他方面的建议和意见

＿＿＿＿＿＿＿＿＿＿＿＿＿＿＿＿＿＿＿＿＿＿＿＿＿＿＿＿＿＿＿＿＿＿＿

＿＿＿＿＿＿＿＿＿＿＿＿＿＿＿＿＿＿＿＿＿＿＿＿＿＿＿＿＿＿＿＿＿＿＿

＿＿＿＿＿＿＿＿＿＿＿＿＿＿＿＿＿＿＿＿＿＿＿＿＿＿＿＿＿＿＿＿＿＿＿

七、需要提供哪些服务内容

＿＿＿＿＿＿＿＿＿＿＿＿＿＿＿＿＿＿＿＿＿＿＿＿＿＿＿＿＿＿＿＿＿＿＿

＿＿＿＿＿＿＿＿＿＿＿＿＿＿＿＿＿＿＿＿＿＿＿＿＿＿＿＿＿＿＿＿＿＿＿

＿＿＿＿＿＿＿＿＿＿＿＿＿＿＿＿＿＿＿＿＿＿＿＿＿＿＿＿＿＿＿＿＿＿＿

再次感谢您的支持和配合！我们将不断努力，为您提供满意的服务。

谢谢！

3.意见征询结果的统计与分析

物业公司应对征询结果按治安、车辆、清洁、绿化、公共设备设施、社区活动、便民服务等进行分类统计，出具"客户意见征询分析报告"，对未达到质量目标和客户普遍反映的问题，根据其程度采取相应的改进方法和纠正、预防措施。

征询的客户意见由客户服务中心安排人员统一进行回访，并填写"回访记录表"（客户意见），如表2-5至表2-7所示。

表2-5　客户意见调查统计表

部门：　　　　　　　　　　　　　　　　　　　　___年　　　　　　　　　　___半年

征询结果	1	2	3	4	5	6	7	8	9	10	11	12	13	14	15	16
合计																
备注	表中的编号与"客户意见调查表"中的调查项目编号一一对应															

统计人：　　　　　　　　日期：　　　　　　　　归档：　　　　　　　　日期：

表2-6　意见调查表发放率和回收率统计表

部门：　　　　　　　　　　　　　　　　　　　　___年　　　　　　　　　　___半年

客户总数		调查表发放份数		调查表回收份数	
$发放率=\dfrac{发放份数}{客户总数}=\dfrac{}{}\times100\%=\%$					
$发放率=\dfrac{发放份数}{客户总数}=\dfrac{}{}\times100\%=\%$					
备注					

统计人：　　　　　　　　　　　　　　　　归档：

日期：　　　　　　　　　　　　　　　　　日期：

表2-7 客户意见调查分析报告

部门：_____ ____年 ____半年

序号	项目名称	各项满意率统计	备注
1	供电	(_____/总数_____) ×100%=	
2	供水	(_____/总数_____) ×100%=	
3	投诉接待	(_____/总数_____) ×100%=	
4	维修速度	(_____/总数_____) ×100%=	
5	维修质量	(_____/总数_____) ×100%=	
6	服务态度	(_____/总数_____) ×100%=	
7	公共卫生	(_____/总数_____) ×100%=	
8	公共设施	(_____/总数_____) ×100%=	
9	社区文化	(_____/总数_____) ×100%=	
10	保安执勤	(_____/总数_____) ×100%=	
11	园林绿化	(_____/总数_____) ×100%=	
12	空调管理	(_____/总数_____) ×100%=	
13	电梯管理	(_____/总数_____) ×100%=	
14			
15	$综合满意率=\dfrac{各项满意率之和}{项目总数}×100\%$		
统计分析方法： 　　调查表共有（　　）项调查内容，每项有_____种答复。统计分析计算每项及其综合满意率（各项计算公式为：该项_____满意数/回收的调查表总数×100%=该项满意率）。根据各分项满意率进行总结分析			
分析结果（附统计表，本页不够填写时可另附页）： 　　　　　　　　　　　　　　　　　　　　　　分析人：　　　　　　日期：			

质量管理部：　　　　　　　　　　　　　　部门负责人：
日期：　　　　　　　　　　　　　　　　　日期：

> **特别提示**
>
> 　　调查不是目的，提高品质才是关键。提升物业服务品质要从点滴做起，每一次品质的提升都要带给客户更大的方便与满意，这也是物业管理服务的价值源泉。

问题28：如何做好物业服务以增加客户的黏性？

没有客户的支撑，没有客户良好关系的维系，这个链条就会崩断，为此，做好客户关系的维系是目前物业管理不能忽视的一个环节。作为物业管理人员的物业经理，可参考如图2-16所示的4点来增加客户的黏性。

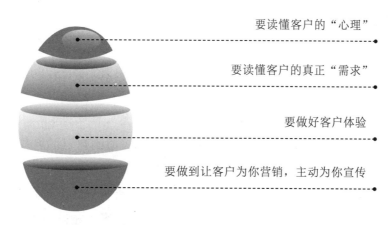

要读懂客户的"心理"

要读懂客户的真正"需求"

要做好客户体验

要做到让客户为你营销，主动为你宣传

图2-16　增加客户黏性的措施

1.要读懂客户的"心理"

我们每一天都和客户打交道，一个项目服务了好几年，有的客服人员都能把客户的信息倒背如流，每一个客户的性格、脾气、喜好及生活习惯都了如指掌，但客户的心理我们却没有过多关注，他（她）的喜怒哀乐我们很少去触及，这像是我们虽然服务了，但没有走进对方的心里，对方只是感到我支付了物业费，你给我的服务是应该的，这中间没有感激和交集的成分，但如果我们能根据客户的心理，捕捉到他（她）的心理喜好，对症下药，就会收到意想不到的效果。

比如，一个业主致电客服人员说自己今天不方便下楼，有个快递能不能帮忙送上来。接听电话的客服人员听出业主的声音无力且沙哑，判断业主应该是感冒了，立即回复说没有问题。客服人员心想：业主是因为身体难受才不愿意下楼，这个时候正是需要关心问候的时候。于是她立即上报物业经理，物业经理了解情况后，赶紧安排人送快递，并买了水果，亲自给业主送去，一边和业主聊天，一边帮助业主把家里收拾干净。业主被物业经理和客服人员的行为感动了，在后续的日子里，这个业主对物业服务中心开展的各项工作都大力支持。

2.要读懂客户的真正"需求"

是人都经不起琢磨，是人都有缺点和弱点，这是在客户关系维系中物业管理人必须要知道的一个定理。在与千家万户的交往中，如何通过客户的行为来洞察客户的需求，这是对物业管理人情商的一个要求；见什么人说什么话，到什么山头唱什么歌，也是对物业管理人情商的考量。

我们经常说要认真对待客户的反映和投诉，这样就能知道他（她）的需求，但是我们往往只是做了表面的处理，却没有做深度的挖掘。

比如，一个客户来交费，发现客服中心的货架上出售一种白酒，但只有低度酒，但客户的需求是高度酒，这时客服人员马上意识到商机来了。下班后，客服人员就拿了一瓶高度的白酒亲自给客户送去，没有收钱，只说如果感到酒的质量好就可以在客服中心订购此类的话。谁知第二天客户就来反映酒的质量不错，以后公司的招待用酒就用它了。明白了客户的需求，并迎合客户的需求，然后再做好它就成功了。

客户住在小区，从本质的意义上讲，他（她）只关心到自己的切身利益，你把他（她）最关心的事处理好了，客户满意度也就提高了。

比如，客户不想去客服中心交费，想让服务人员上门收，那么我们就安排人员上门收费；如果客户想让单元门口美丽一些，我们就给客户种上几棵花；如果客户嫌车险购买、车辆年检太麻烦，我们就和厂家合作直接在小区办理，甚至替客户办理；如果客户想让访客知道自己的尊崇感，我们就给客户的客人提供专用的车位，亲自引领客户的客人到家门口等。

只要明白客户的需求，对症下药，投其所好，就一定能俘获人心，等我们把客户的心俘获了，这么多的资源还愁没有利用的空间吗。

3.要做好客户体验

客户体验在今天的服务行业是重中之重。作为物业管理人，我们的产品是服务，是员工呈现出来的行为规范带给客户的感觉和感受。

比如，门岗站立的姿势是否规范？指挥车辆的动作是否标准？解答客户的问询是否专业？受理客户的需求是否到位？在工作的现场见到客户有没有主动问好？看到老人提着东西有没有主动上前帮助？发现客户有困难时有没有第一时间响应？给客户上茶的动作是否协调？送客户出门的用语是否亲切？

这一切的过程都是客户体验的载体，做好了，客户的感觉就好，做不好，客户感觉就差。为此，做好客户体验是目前服务行业决不能忽视的环节，对于物业管理行业同样重要。

4.要做到让客户为你营销，主动为你宣传

在物业管理圈里有一句流传很诙谐的话，"做物业管理，你会干不行，还要会写；会写不行，还要会说"。这也说明了宣传的重要。就是你忙活了半天，客户却不知道你干了什么，客户更不会领情。为了解决这一瓶颈，很多的物业企业纷纷开展了让客户参观设备间、开展客户座谈会、公布物业账目明细、邀请客户体验员工一天的工作等，这都是引导客户了解物业管理的内容，并不是客户想的那样和看的那样表面的平淡和平静。

如果我们读懂客户的心理、分析客户的实际需求、做好客户的体验，那么客户在这样的尊重、优越的体验中，就一定会收获惊喜、满意和感动。只有能产生感动的服务，才是好的服务。如果我们让客户感动了，他（她）就会发自内心地向身边的或者其他的客户去宣传这种服务带给他（她）的优越感，被推荐的客户就会想体验这样的服务，也会向其他的客户去分享，这样宣传的链条无形中就形成了，客户对服务的认知和产品的认知就会在这样的氛围中传播，品牌影响力也就自然而然根植于客户的心中了。

> **特别提示**
>
> 温度的背后是到位的服务，到位的服务才能产生感动，感动的背后才有温度，而物业公司拥有庞大的客户资源，最有条件和客户建立"有温度的连接"。

第四周　业主（用户）投诉管理

客户投诉指的是外部客户认为由于物业服务工作中的失职、失误、失度、失控伤害了他们的尊严或权益，或其合理需求没有得到满足，从而通过口头、书面和电话、网络等形式反映的意见或建议。处理投诉，是物业管理企业日常管理与服务工作的一项重要任务，也是与业主（用户）直接交流与沟通的最佳方式。

问题29：业主（用户）投诉一般有哪些类型？

业主（用户）对物业公司的投诉主要分为表2-8所示的八类。

表2-8　业主（用户）投诉的类型

序号	投诉类型	具体说明
1	房屋管理类	由于对房屋建筑主体及其附属构筑物的共用部位的维修、养护和管理不到位引起的投诉，包括楼盖、屋顶、外墙面、承重结构、楼梯间、走廊通道、门厅、道路等，如房屋损坏保养不到位、公共楼道修缮不及时、违章搭建、装修管理监控不到位等
2	设备管理类	由于对房屋毗连及其附属配套的共用设施设备的维修、养护、运行和管理不到位引起的投诉，包括共用的上下水管道、落水管、垃圾道、烟囱、共用照明、天线、中央空调、暖气干线、供暖锅炉房、高压水泵房、楼内消防设施设备、电梯等（含外包）
3	安全管理类	由于对物业正常的工作、生活秩序维护、管理不到位，或采取的安全措施不当，导致存在安全隐患或发生安全事故等而引起的投诉，包括对外来人员、物品搬运、车辆道路、消防等的管理，以及对讲机使用（如安全员夜间对讲机声音过大）、技能防范和突发事件处理等
4	环境管理类	由于对物业环境的净化和美化管理服务不到位引起的投诉，包括绿化、清洁卫生、垃圾清运、消杀、商铺环境（如油烟问题、占道经营、乱摆卖等）、不能归属其他类别的噪声和对保洁外包供方的监控等
5	综合服务类	由于除上述四类以外的其他管理服务提供不到位引起的投诉，包括居家〔家政、维修等（含外包）〕服务、商务服务、中介服务、社区文化、会所、住户巴士等由物业管理单位负责的社区配套服务的提供以及收费等
6	业主（用户）纠纷类	由于业主（用户）之间对毗连部位或设施、公共部位或设施的使用和相关权益归属存在纠纷，甚至互相侵犯权利、影响他人生活、损害公共利益而引起的投诉，如养犬或晨练等生活噪声、毗连部位维修（装修破坏防水层造成渗漏水等）及部分业主（用户）的不道德行为等
7	地产相关类	由于地产相关产品、服务提供不到位引起的投诉，包括房屋质量、配套设施、规划设计、地产联系的工程施工、配套服务、销售管理等
8	其他类	由于非上述各类原因引起的且物业公司不负有直接管理责任但通过物业管理单位的努力可以改善的客户抱怨，包括由于政府机关、企事业单位的行为或责任引起的投诉，如市政配套（供水、供电、燃气、有线电视、宽频网、电话、交通）不完善或市政设施突发事件过多等

问题30：处理业主（用户）投诉的原则是什么？

投诉能指出物业公司在服务过程中应改善的环节，能使有意见的业主（用户）重新接受企业，是业主（用户）给予企业改善服务质量的机会，所以业主（用户）投诉并不可怕，关键是企业如何对待、如何处理。在处理投诉的过程中，物业经理首先要做的是掌握一定的投诉处理原则，具体如图2-17所示。

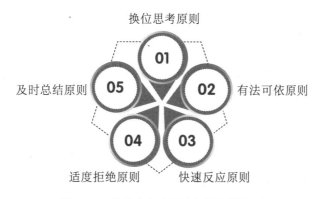

图2-17　处理业主（用户）投诉的原则

1.换位思考原则

物业公司在接受投诉处理的过程中，必须以维护企业利益为准则，学会换位思考，以尊重业主（用户）、理解业主（用户）为前提，用积极诚恳、严肃认真的态度，控制自己的情绪，以冷静、平和的心态先处理业主（用户）的心情，改变业主（用户）的心态，然后再处理投诉内容。不能因为一个小小的失误导致投诉处理失败，从而引发马太效应，导致一系列的投诉事件发生。

2.有法可依原则

物业公司每天都要面对形形色色的投诉，如果不加甄别，认为每件投诉都是有效的，那么管理水准再高的企业也要累得够呛。一方面物业公司承担了本企业不该承担的责任；另一方面还会让企业成为业主（用户）冤屈的申诉地，企业将会成为一锅大杂烩，从而导致工作权限不清、出力不讨好的情况发生。因此在接受业主（用户）投诉时，在稳定业主（用户）情绪的情况下，必须对投诉事件进行有效与无效投诉区分，以提高企业的工作效率。当然这就要求物业公司的相关工作人员熟悉物业管理的相关法律法规，做到有法可依。

3.快速反应原则

投诉事件的发生具有偶发性且业主（用户）大多是带着情绪而来，若处理不当，小则导致业主（用户）拍案大怒引起关联业主（用户）围观，影响公司品牌形象；大则导致业主（用户）一怒向新闻媒体报料，给企业造成极大的负面影响。这种情况就要求物业公司必须快速、准确地识别业主（用户）的投诉是否有效，若有效，当场可以解决的必须予以解决，需要其他部门共同解决的，必须在沟通机制有效畅通的基础上给予解决；若现场无法解决的，经与业主（用户）协商约定投诉解决的具体时间、期限，并在规定期限内给予圆满解决。

特别提示

面对重大的投诉问题，接待人员一定要在第一时间内向上反映信息，第一责任人要亲自处理，同时要正确把握好与新闻媒体的关系。

4.适度拒绝原则

在满足业主（用户）的要求时，若是职权范围内的有效投诉，物业公司应按照业主（用户）投诉处理服务体系处理；若为无效投诉，如果时间、人力资源允许，物业公司可以协助解决，否则可以大胆拒绝，以免业主（用户）养成事事依靠物业公司的依赖心理，给企业的日常管理工作带来诸多不便。

5.及时总结原则

投诉在很多时候仍无法避免，若就事论事，只满足于投诉处理过程的控制，让业主（用户）满意而归而不注意事后的跟踪及投诉案例的分析、总结、培训，同类投诉事件仍会继续发生。如此周而复始，对物业公司服务失去耐心的业主（用户）将从侧面传播企业的负面信息，导致企业声誉、品牌受损。

古人云："吃一堑，长一智"。今天的总结、改进、培训，一方面是为了提高相关人员的技术水准；另一方面则是为了减少投诉，为下一步工作打下良好的基础，并在此基础上提升业主（用户）满意度，增强企业竞争力，放大企业品牌知名度。

问题31：处理业主（用户）投诉的策略有哪些？

每一位处理投诉的受理人都有自己独特的处理投诉的方法和技巧，不同的方法和技巧适用于不同的业主（用户）与场合。作为一名优秀的物业管理人员，只有了解掌握并灵活运用多种消除异议的技巧，才能在处理客户投诉的过程中得心应手，具体如图2-18所示。

1.耐心倾听，不与争辩

物业管理人员一定要以平静关切的心态来认真耐心地听取业主（用户）的投诉，让业主（用户）将投诉的问题表述完。在倾听的同时，要用"是""对""的确""确实如此"等语言，以及点头的方式表示自己的同情，不要打断业主（用户）说话，因为中途打断，就会给业主（用户）造成以下印象。

（1）业主（用户）的投诉是明显错误的。

（2）业主（用户）的投诉是微不足道的。

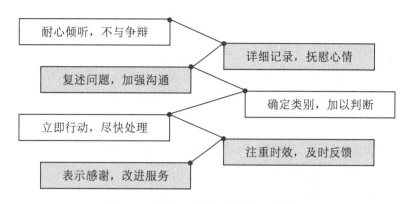

图2-18 处理业主（用户）投诉的策略

（3）没有必要听业主（用户）说话。

打断业主（用户）的说话，会使业主（用户）认为其得不到应有的尊重。

与此同时，物业管理人员还可以通过委婉的方式不断地提问，及时弄清投诉的根源所在。对那些业主（用户）失实、偏激或误解的投诉，物业管理人员千万不要流露出任何不满、嘲弄的情绪，要对业主（用户）的感情表示理解，争取最大限度地与业主（用户）产生感情上的交流，使业主（用户）感受到物业管理人员虚心诚恳的态度。

物业管理人员千万不能钻"牛角尖"，或做任何敌对性、辩解性的反驳。因为业主（用户）前来投诉，是对物业公司某些方面的服务、管理有了不满或意见，心理有怨气，此时若一味解释或反驳业主（用户）投诉，业主（用户）会认为物业管理人员不尊重其意见而加剧对立情绪，甚至产生冲突。

2.详细记录，抚慰心情

物业管理人员在仔细倾听业主（用户）投诉的同时，还要认真做好投诉记录，尽可能写得详细点、具体点，内容包括：投诉的时间、地点；投诉者姓名、联系电话（含手机、家庭电话、单位电话、应急联络电话等）、所居住地；被投诉者、部门；投诉事项；投诉的要求与目的；接受或处理人等。

因为做好记录，不仅可以使业主（用户）讲话的速度由快转慢，缓冲其激动而不平的心情，这还是一种让业主（用户）安心的方式。

3.复述问题，加强沟通

当听完以及记录完业主（用户）的投诉之后，物业管理人员应对业主（用户）所投诉的内容以及所要求解决的项目进行复述，看看是否搞清楚了业主（用户）所投诉的问题所在，便于进一步进行处理解决。一般话语如下。

"××先生、小姐（女士），您是说……是吗？"

"××先生、小姐（女士），您认为……对吗？"

"××先生、小姐（女士），您所投诉的问题是不是这样……"等。

经过带有提问的投诉内容的复述，要求业主（用户）给予肯定或否定。有时候，业主（用户）听完物业管理人员的复述后，会说："是的、是的，就是这样"或"对、对对，我就是这个意思"。当业主（用户）所表述的投诉内容表达不清楚，或对管理人员的倾听没有真正理解时，也会说："不，不是这个意思，我是说……"等。

物业管理人员要对业主（用户）的遭遇或不幸表示歉意、理解或同情，让业主（用户）的心态得以平衡。一般话语如下。

"谢谢您告诉我这件事情！"

"对于这件事情发生在您身上，我表示非常抱歉（难过）！"

"是的、是的，我完全理解您现在的心情。"

"如果我遇到，也会这样的。"等。

如果业主（用户）在投诉中有大叫大嚷、手拍桌子、脚踢凳子等情况，物业管理人员则应上前主动对其表示关怀，并说一些关心体贴入微的话，一般话语如下。

"不好意思，请您消消气，不要这样。"

"请您不要生气，这样会伤了您的手（脚、身体）。"

物业管理人员要有"角色转换""将心比心"的心态，转换一下位置，设身处地从业主（用户）的角度看待其所遭遇到的麻烦和不幸，安慰业主（用户），最大限度地拉近与业主（用户）的心理距离。正如一位很有经验的公关专家所述的那样：在与顾客的接触中，应该表示自己很能理解顾客的心情，尤其是在顾客生气、发怒时，更应该说一些为顾客着想的话，这种与顾客心理上的沟通往往会使双方的关系发生微妙的变化，从敌对转向合作，从僵硬转向融洽，从互不让步转向相互让步，如此才能有利于问题的解决。

物业管理人员要尽可能投其所好，找出共鸣点，与其交朋友，这样就更能接近投诉者，达到心与心的交流与沟通，正所谓"不打不相识"。同时在交流过程中要富有幽默感，因为在人与人之间的交往中，幽默往往具有一种奇妙的力量，它是一种润滑剂，可以使原来的紧张变得平和、顺利和自然，起到"化干戈为玉帛"的作用。

4.确定类别，加以判断

对于业主（用户）投诉的问题，物业管理人员应确定投诉的类别，再判定该投诉是否合理。

（1）如投诉属于不合理的情况，物业管理人员应该迅速答复业主（用户），婉转说明理由或情况，真诚求得业主（用户）的谅解。同时要注意：对业主（用户）的不合理投诉只要解释清楚就可以了，不要过多纠缠。

（2）如属合理有效的投诉，物业管理人员一定要站在如图2-19所示的立场上提出处理解决意见，满足业主（用户）的合理要求。

图2-19　物业管理人员处理投诉的立场

物业管理人员在着手处理解决问题时，注意要紧扣所投诉的问题点，不随意引申。要充分估计解决问题所需要的时间，最好能告诉业主（用户）确切解决的时间，如果没有把握的话也没关系，只要向业主（用户）说明情况，相信业主（用户）也会通情达理的。

5.立即行动，尽快处理

物业管理人员受理业主（用户）的投诉后，要立即行动，采取措施，尽快处理投诉内容。拖延处理业主（用户）的投诉，是导致业主（用户）产生新的投诉的根源。及时处理是赢得业主（用户）信赖的最好方式。

同时，还要特别注重物业投诉处理的质量，这直接关联到物业公司的声誉与形象，弄不好还会使好事变成坏事，使业主（用户）失去对物业公司的信任，最终导致"大意失荆州"的惨局。

6.注重时效，及时反馈

物业管理投诉处理完毕后，物业管理人员要把投诉处理的结果以走访、电话、信函等方式直接反馈给业主（用户），这是处理物业管理投诉工作的重要环节。倘若失去这一环节，则表明物业管理人员所做的一切努力与辛苦的工作将付诸东流。

业主（用户）口头投诉可以用电话形式回复，一般不应超过一个工作日；业主（用户）来函投诉则应以回函形式给予答复，一般不应超过三个工作日，特殊情况下不得超过一周。

回复业主（用户）可以向业主（用户）表明其投诉已得到重视，并已妥善处理。从另外一个角度说，及时的回复可显示物业公司的工作时效。

7.表示感谢，改进服务

投诉是用户与物业管理公司矛盾的最大屏障。用户能向管理公司投诉，表明用户对管理公司还持信任态度，物业管理公司要有"闻过则喜"的度量，对用户的信任表示感谢，并把用户的投诉加以整理分类，以作为改进管理和服务的措施，并可以从另外一个角度检讨、反思管理公司的各项工作，完善和改进管理及服务工作。

特别提示

物业管理人员处理完物业投诉后，最好给每一位投诉的业主（用户）发放一份"感谢函"，感谢他们的投诉、感谢他们的信任与支持。

问题32：如何减少投诉的发生？

减少投诉发生的策略如图2-20所示。

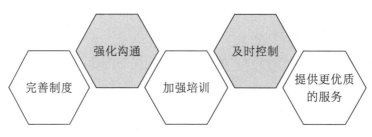

图2-20 减少投诉发生的策略

1.完善制度

不断建立和完善各项管理和服务制度，并严格按工作规程和规范开展工作，这是减少投诉的关键。

完善的管理制度和严格的工作流程为服务和管理提供了量化标准，既有利于管理公司提高管理水平，完善各项服务，也利于用户以客观的标准来评价、监督管理公司的工作。

2.强化沟通

加强与业主（用户）的联系与沟通，经常把有关的规定和要求通过各种渠道传达给用户，使业主理解、支持和配合，这是减少投诉的重要手段。

物业管理属于感情密集型服务行业，业主在物业中停留时间较长，与物业管理公司合作时间也较长，因此与业主的感情交流尤为重要。

物业管理公司应积极通过联谊等形式，开展社区文化建设，促进与业主的交流，可以消除与业主之间的感情隔阂，使业主对物业管理公司产生一定的信任度。

3.加强培训

利用各种形式加强对物业从业人员的培训，提高员工的服务意识、服务技能以及预见能力，这是减少投诉的保证。

物业管理服务的过程往往是同步完成的，因此每位员工的服务都有一定的不可补救性，业主对某位员工恶劣态度所产生的坏影响，会延及整个管理公司。

所以，减少投诉应加强员工培训，不仅培养员工使用规范用语、进行规范操作的能力，还要培训员工的灵活服务技巧和应变能力，更要加强员工的服务意识和职业道德教育，并配以奖惩机制，督促、激励员工提供优质服务。

4.及时控制

加大巡查力度，及时发现和解决问题，把事态控制在萌芽状态，这是减少投诉的根本。

加强日常管理，"防患于未然"，通过巡视检查等手段，尽量减少事故发生，加强管理中的各个环节，杜绝管理中的漏洞，使管理趋于"零缺点"或"无缺陷"的尽善尽美状态。

5.提供更优质的服务

适应社会不断的发展，寻找新的服务方式和方法，这是减少投诉的前提。如果物业管理公司不进行创新，保持旧的服务优势和质量，还是会招致用户的不满。物业管理公司应注重研究用户的潜在需要，具超前、创新思维，提供更完善的管理和更便利的服务，才能获得用户长久的满意和支持，减少投诉的发生。

问题33：如何有效利用业主（用户）的投诉？

业主（用户）投诉是联系客户和企业的一条纽带，是一条很重要的信息通道。物业公司可以通过投诉问题分析改进企业的质量管理体系，作为市场调查数据加以充分利用，挖掘业主（用户）的潜在需求。

1.投诉的价值体现

当业主的投诉得到满意的解决时，他们一般会继续做你的忠诚顾客，并会向朋友和同事们讲述自己的投诉是怎样被解决的。

但是，那些投诉未得到处理的业主呢？他们是竭尽全力地抱怨，还是无声无息但心怀怨恨，或是向朋友们讲述自己遭受的恶劣服务？

投诉对于以服务为中心业务的公司非常重要。业主的投诉过程暴露出我们对客户服务中的弱点和亟待改进的方面，并为公司提供了表明自己高度重视客户的机会。

2.寻找质量改进的方法

解决了客户投诉，不是工作结束，而是要举一反三，达到改进工作的目的。具体来说，应做到图2-21所示的"三个一定"。

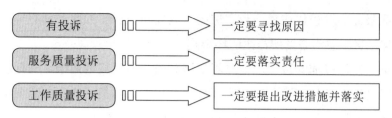

图 2-21　质量改进的"三个一定"

3.从投诉中学习

有效的投诉解决程序固然重要，但还是应该把业主（用户）投诉当作一种能使物业公司改进服务质量和服务流程的手段。企业要充分利用业主（用户）投诉，建立记录、分析投诉并采取行动的程序。

（1）确保所有投诉都有记录。

（2）确认投诉严重性，评估是否有必要采取补救行动。

（3）观察不同类型投诉的频率，据此排列采取行动的先后顺序。

（4）采取补救措施行动后，监督服务流程的效果。

第三个月

安全管理与风险防范

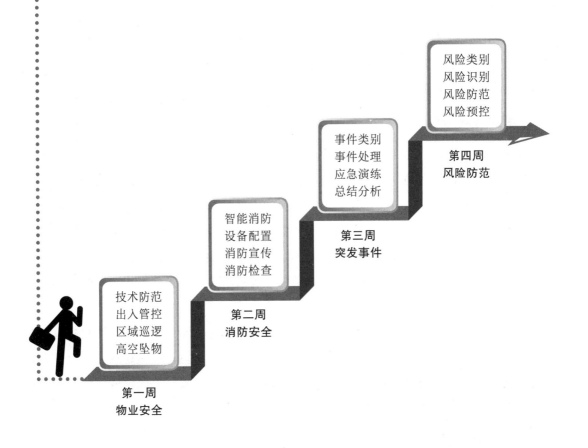

风险类别
风险识别
风险防范
风险预控

第四周
风险防范

事件类别
事件处理
应急演练
总结分析

第三周
突发事件

智能消防
设备配置
消防宣传
消防检查

第二周
消防安全

技术防范
出入管控
区域巡逻
高空坠物

第一周
物业安全

第一周　物业安全管理

物业安全管理是保障国家和城市社会稳定，维护社会安定团结，保障人民安居乐业的前提条件之一。整个国家和城市由成千上万的社区组成，只有做好每个社区的安全管理，才能达到社会稳定、人民安居乐业的目标。

问题34：如何完善安全技术防范系统？

小区的安全技术防范系统，是指利用现代科学技术，通过采用各种安全技术的器材设备，达到居民小区防入侵、防盗、防破坏等目的，保证小区居民人身及生命财产安全的综合性多功能防范系统。

1.视频监控系统

视频监控系统是一种计算机控制的图像矩阵交换系统，是安全技术防范体系中的一个重要组成部分，是一种先进的、防范能力极强的综合系统，利用系统控制台，操作人员可以选取各种摄像机，将其图像显示在所用的图像监视器上，同时进行录像。系统可以自动地管理外部报警信号，可以由选定的监视器依照程序进行显示。系统能够监视摄像机的图像信号电平，如果摄像机出现故障，系统会及时作出报警反应并记录下故障。系统外的其他智能建筑子系统的设备，如防盗报警系统、门禁管理系统、消防系统，可以通过系统辅助通信接口进行联动控制。

视频监控系统对于人们无法直接观察的场合，能实时、形象、真实地反映被监视控制对象的画面，并已成为人们在现代化管理中监控的一种极为有效的观察工具。由于它具有只要少量工作人员在控制中心操作就可观察许多区域（甚至是远距离区域）的独特功能，被认为是保安工作的有效帮手。

2.高空抛物监测预警

高空抛物状况被称作"悬在大城市空中的痛"，在一些情景下，它比乱丢垃圾更严重。高空抛物现象严重影响居民的生活环境甚至生命安全。

伴随着人工智能技术算率及优化算法的高速发展趋势，高空抛物智能监测系统选用AI视觉神经互联网的剖析优化算法，依据"潜意识"跌落物会出现跌落的发展趋势，以跌落物为运动连接点，运用超清智能摄录，根据后台管理数据分析测算，进而分辨出跌落物的轨迹，系统软件设置的变量值，鉴别出跌落物的运动轨迹，并根据后台管理预警信息，进而做到防护和提早预测的目的。

对于"有目的"的高空抛物，高空抛物监测预警系统中所有摄像头24小时进行监控，物业的相关负责人可以和系统设备进行绑定，在摄像机的侦测区域内，一旦发生高空抛物，系统可对已绑定的工作人员发出通知告警，相关人员就可对该事件进行处理，同时进行取证留存，便于事件处理，同时可提供接口，供执法部门进行数据调用。

比如，系统根据AI算法智能且精准地计算出抛物地点，并且能主动抓拍检测，自动现场取证，集中展示和实时预警，并在此基础上形成"公安—社区—物管"三方联动机制。高清的抓拍系统能清楚地记录抛物点和抛物，即使没有人员伤害也能在后台了解到谁有这种不良习惯，方便上门规劝教育，主动减少高空抛物现象的产生。

3.入侵报警系统

入侵报警系统（IAS）是指利用传感器技术和电子信息技术探测并提示非法进入或试图非法进入设防区域的行为，处理报警信息、发出报警信息的电子系统或网络。

入侵报警系统就是用探测器对建筑内外重要地点和区域进行布防，它可以及时探测非法入侵，并且在探测到有非法入侵时，及时向有关人员示警。

比如，门磁开关、玻璃破碎报警器等可有效探测外来的入侵，红外探测器可感知人员在楼内的活动等。一旦发生入侵行为，能及时记录入侵的时间、地点，同时通过报警设备发出报警信号。

4.门禁管理系统

门禁管理系统就是对出入口通道进行管制的系统，管理什么人什么时间可以进出哪些门，并提供事后的查询报表等。它是新型现代化安全管理系统，集微机自动识别技术和现代安全管理措施为一体，涉及电子、机械、光学、计算机技术、通信技术、生物技术等诸多新技术，是解决重要部门出入口实现安全防范管理的有效措施。

5.访客管理系统

访客管理子系统主要用于访客的信息登记、操作记录与权限管理。访客来访，需要对访客信息做登记处理，为访客指定接待人员，授予访客门禁点、电梯、出入口的通行权限，对访客在来访期间所做的操作进行记录，并提供访客预约、访客自助服务等功能，主要是为了对来访人员的信息做统一管理，以便后期做统计或查询操作。

6.电子巡更管理系统

电子巡更管理系统，是管理者考察巡更者是否在指定时间按巡更路线到达指定地点的一种手段。

电子巡更管理系统是安防中的必备系统，因为没有任何电子技防设备可以取代保安，而保安最主要的安全防范工作就是巡更。

电子巡更管理系统能够有效地对保安的巡更工作进行管理，在许多发达国家及中国的发达地区被列为安全防范系统里的必备项目。

7.楼宇可视对讲系统

可视对讲系统是一套为住户与访客间提供图像及语音交流的现代化楼宇控制系统。来访者在门口主机上输入房号，呼叫住户，住户听到铃声后，可在屏幕上看到来访者容貌，并可与之通话。住户可选择按开锁键开门，让来访者进入，也可选择不理睬来访者或报警求助。

小区内门口主机可与小区管理中心管理主机联网，管理人员可看到及听到各门口主机图像及通话。住户如遇紧急情况（如火情、急救、警情等），也可呼叫管理中心，管理人员同样也可呼叫分机与住户联系。

问题35：出入管控有哪些要求?

出入管控是指对指定的大门或道口履行职责严格把守，对进出的车辆、人员、物品等进行检查、验证和登记的一系列工作过程，以维护物业辖区内部治安秩序，保障业主（用户）及其财产安全的一种安保业务活动。具体来说，出入管控的要求如图3-1所示。

图3-1　出入管控的要求

1.上岗执勤要文明

出入口既是反映物业小区精神文明程度的窗口，也是反映管理服务质量和服务水平的窗口，因此，护卫员❶要注意文明执勤。执勤时必须规范着装，做到服装整洁、仪表端庄、精神饱满、态度和蔼、礼貌待人、办事公道、坚持原则、以理服人、尽职尽责、热

---

❶ 本书中护卫员，指物业企业做保卫防卫工作的人员，也称为安保人员或保安。

忱服务；不准擅离职守，不准闲聊打闹，不准酗酒吸烟，不准私自会客；严禁刁难人、打骂人、欺压人，严禁粗暴无礼，不准有侮辱人格的行为发生。

2.多使用礼貌用语

护卫员应多使用礼貌用语，为业主（用户）提供良好服务。不同情况下礼貌用语的使用不同，具体如下。

（1）面对当日第一次遇到的业主（用户），应立正敬礼，并根据具体时间情况向业主问好，如"早（晚）上好！""上（中、下）午好！"

（2）当有陌生人走进大堂时，要起立问候"×先生（小姐、女士），您好！"或"请问您有什么事吗？"

（3）当访客对登记有效身份证件一事有异议时，用诚恳的语调告诉对方"对不起，登记身份证号码是公司的一项制度，请您支持！"

（4）当有访客出来时，要准确填写其离开时间，如其证件留在岗位上，应起立，双手将证件递还访客，同时说"请慢走！"

（5）当遇到由公司或管理处领导陪同客人前来参观时，应立正敬礼并礼貌地说"欢迎各位领导光临指导！"

（6）如有业主（用户）询问不属于自己工作职责内的问题或自己不了解的情况时，不要轻易允诺，应礼貌地解释说："对不起，我不了解这个情况，如果需要，我帮您询问一下，一会给您回复。"

3.执行制度要严格

制度是为了维护物业小区内部治安秩序稳定，防止业主（用户）人身和财产遭受损失，保障生产、工作顺利进行，并因此而制定并实施，要求人们共同遵守的关于人员和物资进出大门的规程和准则。

出入口保安要及时做好制度的宣传解释工作，以取得业主（用户）的理解和支持，以便更好地开展工作。

4.查验人、物要细致

查验人、物要细致是指在查验出入证件与核对进出车辆、物资和人员所携带的物品时要认真负责、仔细观察，不要忽视任何可疑的细节和蛛丝马迹，要善于对人和物进行观察。其查验方法具体如图3-2所示。

5.处理问题要灵活

出入口护卫员所处的位置很重要，是人、物出入小区必经之处，人员流动量大、车辆进出频繁、物资进出量也很大。所以，出入口护卫员在值勤工作中对具体问题要灵活处理，具体要求如图3-3所示。

对人的观察 ☞	要注意从衣着打扮、动作表情上发现疑点，如衣着打扮是否正常；有无冷天穿衣少、热天穿衣多；有无脏衣不脱；有无下雨天戴墨镜、大热天戴大口罩等现象；动作上是否有行动诡异、左顾右盼，围着某个重点目标转，神色慌张等表现
对物的观察 ☞	要注意从其携带物品的名称、型号、形状、色彩、气味、体积、包装等情况中发现异常
对车辆的检查 ☞	要特别注意观察驾驶员的神态有无反常现象，如过于热情地递烟、大方地赠送小纪念品，有否企图乘护卫员不备突然闯进闯出、逃避检查等

图3-2 查验方法

原则性问题	非原则性问题
对于原则性问题必须严格把关，坚持原则，不能有丝毫让步，如物资出门无放行条、无关人员无出入证随意出入、外来访客不履行来客登记手续等	对于非原则性问题则可以灵活处理，不能过于拘泥，不必太计较，不宜过多纠缠，否则浪费时间，花费许多不必要的精力，影响了对原则性问题的处理

图3-3 灵活处理问题的要求

特别提示

处理问题要灵活是指处理问题要随机应变，把原则性问题和非原则性问题区分开来，然后针对不同性质的问题采取不同的处理方法，以便及时妥善地处理问题。

6. 交接班工作要清楚

出入口护卫员换岗交接的内容，一般包括执勤情况、注意问题和待办事项。交接班的方法根据出入口护卫员勤务的性质、特点和周围环境、交接时间，可分为同向交接、异向交接和侧向交接三种，如表3-1所示。

表3-1 交接班的方法

序号	交接方法	具体说明
1	同向交接	即交接班的护卫员面向同一方向并肩站立进行交接，常用于执勤环境较好，门前没有杂乱的人、车、物等情况的一般出入口保安勤务
2	异向交接	即交接班的护卫员相距1～2米相对站立进行交接，常用于情况比较复杂或夜间的出入口保安勤务。特殊情况下，或因地形条件所限，也可并肩而立或者背靠背站立交接
3	侧向交接	即交接班的护卫员距离1米以上，面向内侧站立，进行交接，常用于白天出入口保安勤务

问题36：传染病防控期间如何加强小区管控？

物业公司应积极配合属地传染病防控部门以及街道社区，全力做好物业管理区域的传染病防控工作，外防输入，内防扩散。

1."看好门"

加强物业小区出入口检查，组织专人值守，落实防控部门的各项防疫要求，切实提升出入监管力度。

2."守好人"

做好外来人员信息登记，对小区新进人员和外地牌照车辆，必须仔细确认并登记，并配合落实防控部门的各项健康管理措施。

3."管好事"

适当增加公共区域和重点部位业主高频接触的电梯按钮、门禁、通道把（扶）手等部位的消杀次数，减少公共交叉接触；配合做好重点人员排查管控服务，协助做好居民情绪疏导和生活服务。

问题37：如何加强物业区域巡逻管理？

受限于物业管理区域范围的大小及物业的类型，再细致的巡逻工作，也不免有失误和漏检的时候。为了减少这种失误，物业公司可以采取一定的措施来预防，如图3-4所示。

- 制定完备的巡逻路线和时间
- 配置保安通信器材和装备
- 合理科学地配置和使用巡逻力量
- 增强巡逻人员的业务能力和防范意识

- 加强与公安机关及有关部门的联系
- 做好交接班工作
- 执行巡逻记录制度
- 执行情况报告制度
- 严格辖区查岗制度
- 按工作规程进行巡逻

图3-4　预防巡逻失误和漏检的措施

1.制定完备的巡逻路线和时间

为了防止护卫员在巡逻时发生失误和漏检，秩序维护主管应提前制定完备的巡逻路线和时间，并严格要求护卫员按照巡逻路线和时间进行巡逻，以保证巡逻任务的顺利完成。

（1）确定巡逻路线应考虑的因素。具体因素如下。

——必须将巡逻范围内的所有重点目标都包括进来。

——巡逻路线以最短为佳。

——不能让外人知道巡逻规律。

（2）确定巡逻时间应考虑的内容。确定巡逻时间最重要的依据是治安动向和刑事犯罪活动的规律、特点。具体巡逻时间的确定，主要应考虑以下三个方面。

——根据不同性质、不同类型的案件在发生时间、地点等方面的不同，巡逻时间也应有所区别。

——根据有些案件受季节变化的影响，随着季节变化巡逻时间也应进行调整。

——根据某些案件在一天24小时内发生数量的变化，针对不同案件的高发时间，确定每天巡逻的重点时间。

2.配置保安通信器材和装备

巡逻工作具有突发的运动性特点，业务空间较大，经常会遇到各种各样的情况，需要及时通报、联络和请求援助；在发生突发事件时，也需要相关的装备配置进行处理。

因此，应按照有关规定，为执行巡逻任务的护卫员配置必要的通信器材及相关装备，形成通畅的通信网络，保证巡逻人员之间、巡逻人员与指挥系统之间的正常通信和联系，一旦发生突发事件或意外事故，便于及时报告和请求援助，同时也可以大大提高护卫员的应急处置能力。

3.合理科学地配置和使用巡逻力量

由于巡逻工作的要求不同，巡逻区域范围也不相同，重点保护目标的数量不同，对执行巡逻工作护卫员的配置和要求也存在差异。因此，秩序维护部在执行巡逻工作时，应根据不同的情况配置和使用巡逻力量。

（1）对于巡逻范围大、重点保护目标多的巡逻区域，可设立秩序维护部或巡逻队，布置足够的力量执行巡逻任务。

（2）对于巡逻空间小、没有重点目标或重点目标较少的巡逻区域则可适当安排巡逻力量，以避免造成人员上的浪费。

4.增强巡逻人员的业务能力和防范意识

巡逻工作的涉及面广、机动性较强，随时都可能遇到突发事件或意外事故，面对比较复杂的情况，对执行巡逻工作的护卫员应提出更高的要求。因此，需要有一支素质高、业务能力强的秩序维护队伍执行巡逻任务，要求每一名护卫员都经过专门训练，掌握巡逻的业务知识和方法技能，才能较好地完成巡逻任务，只有这样，才能保证巡逻工作的正常开展。

另外，护卫员必须时刻保持警惕，加强防范意识，在执行巡逻任务时，要善于观察、善于分析、善于发现问题，不放过任何异常情况和可疑的迹象，发现问题，果断决策，及时处理。

5.加强与公安机关及有关部门的联系

维护物业管理区域内的正常秩序和治安，协助公安机关制止和打击违法犯罪活动，是保安巡逻工作中的一项重要任务，而且巡逻中遭遇的许多突发事件离不开公安机关的支持，需要公安机关进行处理。因此，秩序维护主管必须加强与公安机关的联系，取得业务上的支持与帮助。

6.做好交接班工作

大量事实证明，许多治安事件和犯罪活动都发生在护卫员交接班的时候，因此必须加强交接班的管理工作，以有利于加强辖区的治安管理，减少犯罪活动。

（1）交接班应在指定的地点和时间内进行。

（2）当班执行巡逻的护卫员应在规定的时间到达交接班地点，并在交接班地点周围一边巡逻，一边等候接班。

7.执行巡逻记录制度

巡逻记录是指秩序维护部对执勤情况的原始记录，反映巡逻护卫员对巡逻区域内所了解的情况，是处置各类治安问题、服务业主（用户）的重要依据，同时也是对巡逻护卫员工作实绩进行评估和考核的重要标志，是巡逻护卫员加强自我监督的一种有效办法。

巡逻记录内容主要包括辖区内的治安情况、社会动态、安全防范情况、服务情况以及其他重要信息。

8.执行情况报告制度

护卫员的巡逻工作应实行情况报告制度，及时把巡逻过程中发现的情况向上级报告，还应将一段时间内的综合情况进行汇报。

护卫员在巡逻中如发现闹事苗头，或非法游行、集会、示威活动，及交通事故、重大案件等，在进行先期处置的同时，应及时向上级报告；如果情况十分紧急，可以越级上报。在汇报情况时，巡逻护卫员应首先讲明本人单位、姓名和所处位置等内容，然后再简明扼要地报告事件的进展情况、请示的事项，报告完后，认真听取上级的指示，并按指示处理事情。

9.严格辖区查岗制度

为了检查护卫员在巡逻过程中的工作情况，秩序维护部要实行辖区查岗制度，以进一步完善和提高巡逻工作质量。

10.按工作规程进行巡逻

执行巡逻的护卫员必须严格按照工作规程进行巡逻作业。秩序维护主管应提前为巡逻护卫员制定好工作规程，方便其按工作规程执行巡逻。

问题38：如何加强高空坠物的管理？

高空坠物很容易造成人员伤亡，因此，物业经理必须采取各种措施加强这方面的管理工作，同时做好高空坠物的处理工作。

1.建筑物及附着物坠物管理

对建筑物及附着物坠物管理可以采取如图3-5所示的措施。

承接项目时应考虑建筑物的新旧和外墙面的材质　就幕墙的养护、维修与开发商做出相关约定　定期排查隐患　购买适当的保险

图3-5　建筑物及附着物坠物管理

（1）承接项目时应考虑建筑物的新旧和外墙面的材质。在与开发商或业主委员会签订物业服务合同时，应考虑建筑物的新旧和外墙面的材质。建筑物越旧，其悬挂物或搁置物发生坠落的可能性越大，承接一个项目时，这一风险不得不考虑。

目前建筑物的外墙面有多种材质，如金属、石材、玻璃等。对各种材质的外墙面，其养护和维修的要求也存在差异，这些也都应予考虑。在承接项目时，需详细做好不同材质的养护、维修预算。

（2）就幕墙的养护、维修与开发商做出相关约定。承接一个项目时，物业公司还需要了解开发商对外墙的养护和维修方面的责任与施工单位有何约定。假如开发商在与施工单位签订施工合同时，未对外墙的养护、维修方面做出具体约定，物业公司可与开发商约定相关免责条款，或就外墙的养护、维修进行相关约定，避免不必要的纠纷。

（3）定期排查隐患。开展建筑附着物安全隐患排查整治工作，定期对公共场地和公共设施设备、窗户及玻璃、小区户外广告牌和空调主机等户外附着物组织工程技术人员逐户排查，发现存在安全隐患的，要立即整改并登记在册。

特别提示

台风期间，告知居民住户关好门窗，搬掉阳台边的花盆，防止高空坠物。

（4）购买适当的保险。为了减少不必要的纠纷，物业公司可以考虑购买适当的险种。

比如，在停车场靠近幕墙的情况下，在购买物业管理责任险时可考虑购买停车场附加险；根据需要，还可以与开发商或业委会商量，为管理的物业项目购买公共责任险。

2.高空抛物管理

物业公司对高空抛物应采取预防为主的措施，与居委会、派出所等部门相互配合，从宣传入手，发动群众监督，对不听劝阻、屡教不改的个别人员，与公安机关联合采集证据，予以处罚。因此防止高空抛物，预防是关键，可以从图3-6所示的四个方面入手。

图3-6　防止高空抛物的措施

（1）增加技防设施。为了确定"高空抛物"的黑手，物业公司可相应地在此区域增加技防设施，如安装探头等进行监测。技防设施可以抓住"真凶"，同时也能起到监督的作用，让附近的居民一起来谴责这种行为。

（2）尽量不给业主乱扔垃圾的机会。由于老小区的绿化带布局不合理，给了一些不太自觉的业主创造了乱扔垃圾的机会。业主选择在隐蔽的地方扔垃圾，其实还是有一定的"廉耻心"的。因此物业公司要在情况比较严重的楼房内进行宣传教育，让他们明白这种行为是不对的，如果伤及无辜的话要负法律责任。

（3）装修阶段明确责任。不少业主装修时图省事，经常从楼上扔下装修垃圾，此时新建小区的物业管理还处在初级阶段，物业和业主委员会可以在一开始就未雨绸缪，制定相关规范纳入物业管理规定，明确责任，让居民在一开始就知道一旦发生这种行为，就要受到处罚。

（4）学校、居委会、街道办共同合作，加强社区宣传。提高业主（用户）的道德素质，是预防高空抛物的关键。

——物业管理处要对业主（用户）多做宣传，警示高空抛物的危害，提高业主（用户）的公共道德素质。同时，物业管理处在和业主签《业主公约》时，要对高空抛物进行特别强调，要让业主意识到问题的严重性，在小区内形成"高空抛物可耻"的氛围。

——加强监管和处罚力度。高空抛物不仅污染环境，更重要的是危及他人的人身安全，管理部门发现有高空抛物的住户，应当积极收集证据，张榜公布，联合社区治安部门，采取措施对肇事者予以惩罚，从而威慑人为的高空抛物行为。

——培养学生的公德意识。从心理学角度上看，青少年极富冒险心理，孩子从高空丢东西的可能性要比成人大得多，一方面他们还不了解这种事件的后果，另一方面，孩子的天性就喜欢冒险试一试。

问题39：如何做好车辆安全管理？

1.划出停车位

停车位分为固定停车位和非固定停车位、大车位和小车位。固定停放车位的用户应办理月租卡，临时停放的应使用非固定停车位。

固定停车位应标注车号，以便车主停放车辆。车场的管理人员应熟记固定停车位的车牌号码，并按规定引导小车至小车位、大车至大车位，避免小车占用大车位。

2.建立安全措施

建立安全措施即要求停车场内光线充足，适合驾驶；各类指示灯、扶栏、标志牌、地下白线箭头指示清晰；在车行道、转弯道等较危险地带设立警示标语；车场内设立防撞杆、防撞柱。

停车场护卫员在日常管理中应注意这些安全措施，一旦发现光线不足，就要通知维修人员来处理；各类警示标语、标志不清楚，应及时向上级汇报，请求进行维护。

特别提示

护卫员在每天值勤时应对设施进行巡查，发现问题及时解决或报告领导。另外，管理处应指定专人负责建立设施台账，定期维修保养，确保设施完好。

3.严格控制进出车辆

在停车场出入口设专职护卫员，对进出车辆实行严格控制，负责指挥车辆进出、登记车号、办理停车取车手续工作。进场车辆应有行驶证、保险单等，禁止携带危险品及漏油、超高等不合规定的车辆进入。

4.进行车辆检查、巡视

停车场护卫员应实行24小时值班制，做好车辆检查和定期巡视，确保车辆的安全，消除隐患。

车辆停放后，护卫员检查车况，并提醒驾驶人锁好车窗、带走贵重物品，调整防盗系统至警备状态。对入场前就有明显划痕、撞伤的车辆要请驾驶人签名确认。

认真填写"停车场车辆状况登记表"，以防日后车辆有问题时产生纠纷。

第二周　消防安全管理

小区物业管理中最常见的意外事故之一是火灾，给业主的生命、财产带来最大危害的也是火灾。因此，消防不仅关系到物业公司、小区业主生命和财产的安全，而且还涉及社会的安定与经济的健康发展，搞好消防工作是物业安全使用和社会安定的重要保证。

问题40：如何建立消防管理机构

人防、物防、技防、法规、宣传，围绕"五位一体"建立物业消防安全机制，做好物业消防安全管理工作是物业管理的重中之重。物业消防安全体系的有效运行，关乎千家万户，是防范化解火灾风险的关键一环，是提高业主（用户）幸福感、安全感的重要手段。

1.建立消防组织架构

物业公司的消防管理部门一般从属于公司的安全保卫部门，即在秩序维护部设有消防班，但是实际上，消防工作并不是某一个部门的事，而是全公司的事。按照《中华人民共和国消防法》的规定，物业公司应建立自己的消防组织架构，专人做专事。

下面提供一份××物业公司消防组织结构图的范本，仅供参考。

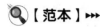

××物业公司消防组织结构图

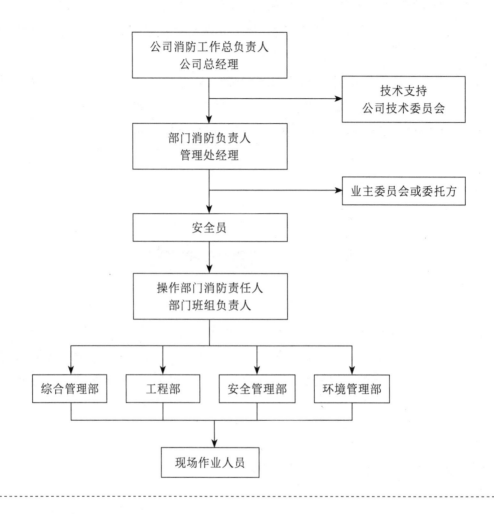

2.明确消防职责

对于公司的各级人员——消防安全领导小组、消防兼职领导、消防中心、消防队员、志愿消防员等也都要明确其消防职责，并以文件的形式体现出来。

3.成立灭火组织

物业公司灭火的组织结构一般是"一部、六组"模式，即指挥部、灭火行动组、疏散引导组、通信联络组、安全防护组、救护组和后勤保障组。当然，不同类型的物业，各组的组成人员须根据具体情况来定。

下面提供一份某物业公司灭火组织结构的范本，仅供参考。

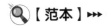【范本】▶▶▶

××物业公司灭火组织结构

结构形式		人员组成及职责
一部	指挥部	总指挥：总经理 副总指挥：副总经理 指挥部办公室负责人：秩序维护部经理 成员：综合办公室主任、机电维修部经理、客物部经理、中控室主管、秩序维护部主管
六组	灭火行动组	由秩序维护部20人担任 负责人：秩序维护部带班主管、护卫班长为义务消防队队长 职责：扑灭火灾和防止火势蔓延
	疏散引导组	各客户行政负责人25人，客物部4人 负责人：客物部带班经理、各客户主管行政负责人 职责：引导客户从消防安全通道疏散到安全地方，避免拥挤损伤
	通信联络组	中控室1人，着火单位通信联络人2人 负责人：中控室主管、客户行政负责人、秩序维护部 职责：保证各组与指挥部的通信联络及情况的反馈
	安全防护组	秩序维护部5人 负责人：由秩序维护部主管负责 职责：守护大厦各个出口，防止坏人进行破坏
	救护组	机电维修部综合维修4人，综合办公室2人，财务部2人 负责人：综合办公室主任 职责：救护受伤人员
	后勤保障组	机电维修部10人 负责人：机电维修部带班经理或主管 职责：提供水、供火场用灭火器、断电及抢险工具等

问题41：如何建立智能消防系统

　　智能消防系统是指火灾探测器探测到火灾信号后，能自动切除报警区域内有关的空调器，关闭管道上的防火阀，停止有关换风机，开启有关管道的排烟阀，自动关闭有关部位的电动防火门、防火卷帘门，按顺序切断非消防用电源，接通事故照明及疏散标志灯，停运除消防电梯外的全部电梯，并通过控制中心的控制器，立即启动灭火系统，进行自动灭火。

智能消防系统主要由三大部分组成，一部分为感应机构，即火灾自动报警系统；另一部分为执行机构，即灭火控制系统（消防灭火系统）；第三部分为避难诱导系统（后两部分也称为消防联动系统），如图3-7所示。

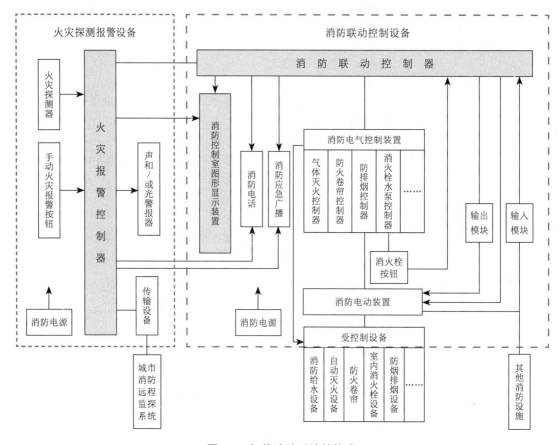

图3-7　智能消防系统的构成

智慧社区的高速发展，社区消防安全的整体性、消防设施设备的配套，以及消防安全管理，都对物业管理提出了更高的要求。

物业智慧消防系统，以社区为中心建立集日常安全监控、隐患提示报警、快速响应联动、实时远程指挥等功能于一体的"全方位、全流程、全要素"的消防监督和应急救援体系，旨在系统监督排查各类消防安全隐患苗头，做到专业力量与社会力量的联勤联动，确保遇有突发情况能够灭早、灭小、灭初期。

特别提示

物业公司将智慧消防系统应用在日常消防安全管理的同时，应进一步加强社区居民的消防宣传教育和培训，普及安全用火、用电、用气知识和逃生自救、报警、疏散技能，提高社区居民的消防安全意识和自防自救能力。

问题42：如何配置消防器材设备？

1.楼层配置

消防器材的配置应结合物业的火灾危险性，针对易燃易爆物品的特点进行合理的配置。配置的要求如图3-8所示。

1 在住宅区内，多层建筑中每层楼的消火栓（箱）内均配置2瓶灭火器

2 高层和超高层物业每层楼放置的消火栓（箱）内应配置4瓶灭火器

3 每个消火栓（箱）内均配置1～2盘水带、水枪1支及消防卷盘

图3-8　楼层配置消防器材的要求

2.岗亭配置

物业管理项目的每个保安岗亭均应配备一定数量的灭火器。在发生火灾时，岗亭秩序维护员应先就近使用灭火器扑救本责任区的初起火灾。

3.机房配置

各类机房均应配备足够数量的灭火器材，以保证机房火灾的处置。机房内主要配备有固定灭火器材和推车式灭火器。

4.其他场所配置

其他场所配置的灭火器材应保证在发生火灾后，能在较短时间内迅速取用并扑灭初期火灾，以防止火势进一步扩大蔓延。

问题43：如何进行消防安全宣传与培训？

消防宣传、培训非常重要，而且应是物业公司常年要进行的工作。只有做好宣传、培训，让员工、业主和住户充分地了解消防安全，学会常规的消防知识，才有可能做到消防安全有保障。

1.员工培训

加强对员工的消防安全教育培训，提高火灾应急处置能力。各管理处除应定期组织所有员工进行灭火演练外，还应定期组织员工进行防火和灭火知识教育，使全体人员都掌握必要的消防知识，做到会报警、会使用灭火器材、会组织群众疏散和扑救初起火灾。对于新员工，上岗前必须进行消防安全培训，合格后方可上岗。

员工消防培训操作程序如下。

（1）明确授课人，由人力资源部指派。

（2）选择授课地点，确定授课时间。

（3）明确授课内容：防火知识、灭火常识、火场的自救与救人、灭火的基本方法与原则。

（4）组织参加学习人员考核。

（5）考试结果存档备案、总结。

2.业主（用户）宣传培训

（1）消防宣传。可通过广播、墙报、警示牌等多种形式，向业主（用户）宣传消防知识，营造起消防安全人人有责的良好氛围。

（2）定期组织培训。物业经理须定期组织业主（用户）进行消防知识的培训工作。可预先发通知，并进行跟催确认。培训内容涉及消防管理有关法律法规、防火知识、灭火知识、火场的自救和救人、常用灭火器的使用与管理、公司所制定的《消防管理规定》《业主、住户安全责任书》《安全用电、用水、管道燃气管理规定》《消防电梯使用规定》等。

在组织各位业主（用户）参加消防培训时，一定要做好相关记录，以显示消防培训的严肃性。培训结束后，应组织参加人员考核，并将试卷立档备案、总结。

问题44：如何开展消防安全检查？

消防安全检查应作为一项长期性、经常性的工作常抓不懈。在消防安全检查组织形式上可采取日常检查和重点检查、全面检查与抽样检查相结合的方法。应结合不同物业的火灾特点来决定具体采用什么方法。

1.专职部门检查

物业公司应对物业小区的消防安全检查进行分类管理，落实责任人或责任部门，确保对重点单位和重要防火部位的检查能落到实处。一般情况下，每日由小区防火督查巡检员跟踪对小区的消防安全检查，每周由班长对小区进行消防安全抽检，监督检查实施情况，并向上级部门报告每月的消防安全检查情况。

2.各部门、各项目的自查

（1）日常检查。应建立健全岗位防火责任制，以消防安全员、班组长为主，对所属区域重点防火部位等进行检查，必要时要对一些易发生火灾的部位进行夜间检查。

（2）重大节日检查。对元旦、春节等重要节假日应根据节日的火灾特点对重要的消防设施设备、消防供水和自动灭火等情况重点检查，必要时制定重大节日消防保卫方案，确保节日消防安全。节假日期间大部分业主休假在家，用电、用火增加，应注意相应的电气设备及负载检查，采取保卫措施，同时做好居家消防安全宣传。

（3）重大活动检查。在举行大型社区活动时，应制定消防保卫方案，落实各项消防保卫措施。

▼

第三周　突发事件应对

在物业管理的日常工作中，有些隐患是不易被提前判别的，也就很难在事先加以防范，因此突发事件和危机的发生也就在所难免，但事件发生了，如果物业经理能够及时而有效地进行处理，也可以大大减少事件造成的危害程度。

问题45：突发事件有哪些类别？

突发事件类别，如表3-2所示。

表3-2　突发事件类别

序号	类型	具体内容
1	自然灾害	自然灾害主要包括台风、暴雨等气象灾害；火山、地震、泥石流等地质灾害
2	事故灾害	事故灾害主要包括小区里发生的重大安全事故，如交通事故，以及影响小区正常管理与服务的其他事故，如环境污染
3	公共卫生事故	公共卫生事故主要包括突发的可能造成社会公众健康损害的重大传染病，及群体性不明原因疾病、重大食物中毒，以及其他影响公共健康的事件
4	突发社会安全事件	突发社会安全事件主要包括重大刑事案件、恐怖事件、经济安全事件以及群体性事件

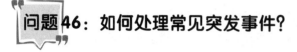

问题46：如何处理常见突发事件？

1.处理突发事件的要求

（1）在发生突发事件时，企业应尽可能努力控制事态的恶化和蔓延，把因事件造成的损失减少到最低限度，在最短的时间内恢复正常。

（2）在发生突发事件时，管理人员不能以消极、推脱甚至是回避的态度来对待，应主动出击，直面矛盾，及时处理。

（3）随着事件的不断发展、变化，对原定的预防措施或应对方案要能灵活运用，要能随各种环境与条件的变化而有针对性地提出有效的处理措施和方法。

（4）在突发事件发生后应由一名管理人员做好统一的现场指挥，安排调度，以免出现"多头领导"，造成混乱。

（5）处理突发事件应以不造成新的损失为前提，不能因急于处理而不顾后果，造成更大损失。

2.突发事件的处理过程

突发事件处理可以分为事先、事中和事后三个阶段，如表3-3所示。

表3-3　突发事件的处理过程

序号	处理过程	具体说明
1	事先准备	（1）成立突发事件处理小组。突发事件处理小组应由企业的高层决策者、公关部门、质量管理部门、技术部门领导及法律顾问等共同参加 （2）制定突发事件备选方案。突发事件处理工作小组必须细致地考虑各种可能发生的紧急情况，制订相应的行动计划，一旦出现紧急情况，小组就可按照应急计划立刻投入行动。对物业管理常见的突发事件，不仅要准备预案，而且针对同一种类型的事件要制定两个以上预选方案 （3）制订突发事件沟通计划。突发事件控制的一个重要工作是沟通，沟通包括企业内部沟通和与外部沟通两个方面
2	事中控制	在发生突发事件时，首先必须确认危机的类型和性质，立即启动相应行动计划；负责人应迅速赶到现场协调指挥；应调动各方面的资源化解事件可能造成的恶果；对涉及公众的突发事件，应指定专人向外界发布信息，避免处理受到干扰，影响突发事件的正常处理
3	事后处理	对于突发事件的善后处理，一方面要考虑如何弥补损失和消除事件后遗症；另一方面，要总结突发事件处理过程，评估应急方案的有效性，改进组织、制度和流程，提高企业应对突发事件的能力

相关链接〈·······································

典型突发事件的处理

在物业管理服务过程中经常会面临的突发事件有火灾、气体燃料泄漏、电梯故障、噪声侵扰、电力故障、浸水漏水、高空坠物、交通意外、刑事案件和台风袭击等。

1. 火灾的紧急处理程序

（1）了解和确认起火位置、范围和程度。

（2）向公安消防机关报警。

（3）清理通道，准备迎接消防车入场。

（4）立即组织现场人员疏散。在不危及人身安全的情况下抢救物资。

（5）组织义务消防队。在保证安全的前提下接近火场，用适当的消防器材控制火势。

（6）及时封锁现场，直到有关方面到达为止。

2. 燃气泄漏的紧急处理程序

（1）当发生易燃气体泄漏时，应立即通知燃气公司。

（2）在抵达现场后，要谨慎行事，不可使用任何电器（包括门铃、电话、风扇等）和敲击金属，避免产生火花。

（3）立即打开所有门窗，关闭燃气闸门。

（4）情况严重时，应及时疏散人员。

（5）如发现有受伤或不适者，应立即通知医疗急救单位。

（6）燃气公司人员到达现场后，应协助其彻底检查，消除隐患。

3. 电梯故障的紧急处理程序

（1）当乘客被困电梯时，消防监控室应仔细观察电梯内情况，通过对讲系统询问被困者并予以安慰。

（2）立即通知电梯专业人员到达现场救助被困者。

（3）被困者内如有小孩、老人、孕妇或人多供氧不足的须特别留意，必要时请消防人员协助。

（4）督促电梯维保单位全面检查，消除隐患。

（5）将此次电梯事故详细记录备案。

4. 噪声侵扰的紧急处理程序

（1）接到噪声侵扰的投诉或信息后，应立即派人前往现场查看。

（2）必要时通过技术手段或设备，确定噪声是否超标。

（3）判断噪声侵扰的来源，针对不同噪声源，采取对应的解决措施。

（4）做好与受噪声影响业主的沟通、解释。

5. 电力故障的紧急处理程序

（1）若供电部门预先通知大厦或小区暂时停电，应立即将详细情况和有关文件信息通过广播、张贴通知等方式传递给业主，并安排相应的电工人员值班。

（2）若属于因供电线路故障，大厦或小区紧急停电，有关人员应立即赶到现场，查明确认故障源，立即组织抢修；有备用供电线路或自备发电设备的，应立即切换供电线路。

（3）当发生故障停电时，应立即派人检查确认电梯内是否有人，做好应急处理，同时立即通知住户，加强消防和安全防范管理措施，确保不因停电而发生异常情况。

（4）在恢复供电后，应检查大厦或小区内所有电梯、消防系统、安防系统的运作情况。

6. 浸水、漏水的紧急处理程序

（1）检查漏水的准确位置及所属水质（自来水、污水、中水等），设法制止漏水（如关闭水阀）。

（2）若漏水可能影响变压器、配电室和电梯等，通知相关部门采取紧急措施。

（3）利用现有设备工具，排除积水，清理现场。

（4）对现场拍照，作为存档及申报保险理赔的证明。

7. 高空坠物的紧急处理程序

（1）在发生高空坠物后，有关管理人员要立即赶到现场，确定坠物造成的危害情况。如有伤者，要立即送往医院或拨打急救电话；如造成财物损坏，要保护现场、拍照取证并通知相关人员。

（2）尽快确定坠落物来源。

（3）确定坠落物来源后，及时协调受损或受害人员与责任人协商处理。

（4）事后应检查和确保在恰当位置张贴"请勿高空抛物"的标识，并通过多种宣传方式，使业主自觉遵守社会公德。

8. 交通意外的紧急处理程序

（1）在管理区域内发生交通意外事故，安全主管应迅速到场处理。

（2）有人员受伤应立即送往医院，或拨打急救电话。

（3）如有需要，应对现场进行拍照，保留相关记录。

（4）应安排专门人员疏导交通，尽可能使事故不影响其他车辆的正常行驶。

（5）应协助有关部门尽快予以处理。

（6）事后应对管理区域内交通路面情况进行检查，完善相关交通标识、减速坡、隔离墩等的设置。

9. 刑事案件的紧急处理程序

（1）物业管理单位或控制中心接到案件通知后，应立即派有关人员到现场。

（2）如证实发生犯罪案件，要立即拨打110报警，并留守人员控制现场，直到警方人员到达。

（3）禁止任何人在警方人员到达前触动现场任何物品。

（4）若有需要，关闭出入口，劝阻住户及访客暂停出入，防止疑犯乘机逃跑。

（5）积极协助警方维护现场秩序和调查取证等工作。

10. 台风袭击的紧急处理程序

（1）在公告栏张贴台风警报。

（2）检查和提醒业主注意关闭门窗。

（3）检查天台和外墙广告设施等，防止坠落伤人，避免损失。

（4）检查排水管道是否通畅，防止淤塞。

（5）物业区域内如有维修棚架、设施等，应通知施工方采取必要防护和加固措施。

（6）有关人员值班待命，并做好应对准备。

（7）台风过后要及时检查和清点损失情况，采取相应措施进行修复。

问题47：如何做好突发事件的应急演练？

为适应突发事故应急救援的需要，必须定期有计划地通过演练，来加强应急指挥部及各成员之间的协同配合，从而提高应对突发事故的组织指挥、快速响应及处置能力，营造安全稳定的氛围。

1. 应急演练的基本要求

应急演练的基本要求如表3-4所示。

表3-4　应急演练的基本要求

序号	演练要求	具体说明
1	结合实际，合理定位	紧密结合应急管理工作实际，明确演练目的，根据资源条件确定演练方式和规模
2	着眼实战，讲求实效	以提高应急指挥人员的指挥协调能力、应急队伍的实战能力为着重点，重视对演练效果及组织工作的评估，总结推广好经验，及时整改存在的问题

序号	演练要求	具体说明
3	精心组织，确保安全	围绕演练目的，精心策划演练内容，周密组织演练活动，严格执行相关安全措施，确保演练参与人员及演练装备设施的安全
4	应急演练方案要审核	各单位要制定出应急演练方案交安全部审核，演练方案应包括演练单位、时间、地点、演练步骤等
5	演练完成后要评估	预案演练完成后应对此次演练内容进行评估，填写应急预案评审记录表和应急预案演练登记表后交秩序维护部备案

2.演练的参与人员

演练的参与人员包括参演人员、控制人员、模拟人员、评价人员、观摩人员等，各自的任务如表3-5所示。

表3-5　演练参与人员的任务

序号	参与人员	参与任务
1	参演人员	承担具体任务，对演练情景或模拟事件做出真实情景响应行动的人员，具体任务如下 （1）救助伤员或被困人员 （2）保护财产或公众健康 （3）使用并管理各类应急资源 （4）与其他应急人员协同处理重大事故或紧急事件
2	控制人员	即控制演练时间进度的人员，具体任务如下 （1）确保演练项目得到充分进行，以利评价 （2）确保演练任务质量和挑战性 （3）确保演练进度 （4）解答参演人员的疑难和问题 （5）保障演练过程的安全
3	模拟人员	扮演、代替某些应急组织和服务部门，或模拟紧急事件、事态发展中受影响的人员，具体任务如下 （1）扮演、替代与应急指挥中心、现场应急指挥相互作用的机构或服务部门 （2）模拟事故的发生过程（如释放烟雾、模拟气象条件、模拟泄漏等） （3）模拟受害或受影响人员
4	评价人员	负责观察演练进展情况并予以记录的人员，主要任务如下 （1）观察参演人员的应急行动，并记录观察结果 （2）协助控制参演人员以确保演练计划的进行
5	观摩人员	来自有关部门、外部机构以及旁观演练过程的观众

3.制订应急预案的演练计划

（1）全年整体演练计划。为了确保全年的应急预案的演练有计划地进行，需分析物业项目的应急预案，并制订出年度演练计划，使演练工作在不影响正常工作的前提下有序地进行。

年度应急预案演练计划的内容包括应急预案名称、计划演练时间、演练方式、演练目的、组织部门、配合部门、应急物资准备等。

下面提供一份某物业公司制订的年度应急预案演练计划的范本，仅供参考。

【范本】▶▶▶

20××年度应急预案演练计划

序号	应急预案名称	计划演练时间	演练方式	演练目的	组织部门	配合部门	应急物资准备
1	消防应急预案	2月	实战演练	扑灭初级火灾，掌握消防器材使用	机电维修部	机关各部室及各项目部	25千克、8千克干粉灭火器各4台，25千克二氧化碳灭火器2台；消防桶20个，消防钩2只
2	意外伤害应急预案	3月	部分实战演练	熟悉救援程序，培训紧急救护知识	机电维修部	各项目部	氧气袋2只，面纱等外伤急救药品和中暑急救药品若干
3	集体食物中毒应急预案	5月	桌面演练	熟悉紧急救护程序	机电维修部	各项目部	
4	突发性自然灾害应急预案	8月	桌面演练	熟悉地震、洪水、泥石流情况下撤离和自救程序	机电维修部	各项目部	担架2副，外伤急救药品若干
5	意外伤害应急预案	10月	部分实战演练	熟悉救援程序，培训紧急救护知识	机电维修部	各项目部（针对临时雇佣人员）	氧气袋2只，面纱等外伤急救药品和中暑急救药品若干
6	交通事故应急预案	12月	实战演练	紧急救助和报警	综合办公室	各项目部	急救箱2只

编制：×××　　　　　　　　　　　　　批准：×××

（2）专项演练计划（方案）。专项演练计划就是针对某一具体的应急预案的演练实施计划（方案），内容包括演练目的、时间、地点、参演人员、演练项目、演练过程。表3-6所示为消防演习计划的模板，其他应急演练计划也可参照该模板来制作。

表3-6　消防演习计划模板

消防演习计划

一、演习地点

二、演习时间

三、演习目的

四、演习项目

1. 人员疏散

2. 救护伤员

3. 使用灭火器灭火

4. 消防水带的连接

五、安全应急演习组织成员

1. 应急演习总指挥

2. 应急演习副总指挥

3. 联络组

　组长：　　　　　　　　　　　组员：

4. 消防突击组

　组长：　　　　　　　　　　　组员：

5. 疏散组

　组长：　　　　　　　　　　　组员：

6. 救护组

　组长：　　　　　　　　　　　组员：

7. 保卫组

　组长：　　　　　　　　　　　组员：

8. 后勤组

　组长：　　　　　　　　　　　组员：

六、人员分工

1.

2.

3.

4.

七、应急演习前准备工作和分工

1.

2.

3.

4.

八、演习程序

1.

2.

3.

4.

4.预案演习的实施

组织应急预案演习，一般须经过以下7个步骤。

（1）应急预案演习方案的申请批准。物业公司应提前一个月将应急预案演习方案计划上报业主委员会，经业主委员会批准后，向公安消防部门主管警官汇报、备案，同时就应急预案演习方案向主管警官征询意见，并进行整改和修订。

（2）应急预案演习实施的通知。在应急预案演习前两周，应向物业管理区域内的业主（用户）发出应急预案演习通知。在应急预案演习前两日，应在公共区域张贴告示，进一步提示业主（用户）关于应急预案演习事宜。

（3）应急预案演习内容的分工。分工也就是说要对应急预案演习内容进行工作分配，落实到具体的部门或人员身上。

下面提供一份某物业管理处消防演习内容分工的范本，仅供参考。

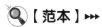【范本】▶▶▶

消防演习内容的分工

序号	人员分工	工作内容
1	灭火总指挥	（1）向消防值班人员或其他相关人员了解火灾的基本情况 （2）命令消防值班人员启动相应消防设备 （3）命令物业公司员工根据各自分工迅速各就各位 （4）掌握火场扑救情况，命令灭火队采取适当方式灭火 （5）命令抢救队采取相应措施 （6）掌握消防相关系统运行情况，命令副总指挥采取相应措施；协助消防机关查明火因；处理火灾后的有关事宜
2	灭火副总指挥	负责在灭火总指挥不在现场时履行总指挥的职责；配合灭火总指挥的灭火工作；根据总指挥的意见下达命令
3	现场抢救队和运输队	负责抢救伤员和物品，本着先救人、后救物的原则，运送伤员到附近的医院进行救治，运输火场急需的灭火用品
4	外围秩序组	负责维护好火灾现场外围秩序，指挥疏散业主（用户），保证消防通道畅通，保护好贵重物品
5	综合协调组	负责引导消防车，保持火灾现场、外围与指挥中心联络
6	现场灭火队	负责火灾现场灭火工作
7	现场设备组	负责火灾现场的灭火设备、工具正常使用和准备
8	机电、供水、通信组	负责确保应急电源供应、切断非消防供电；启动消防泵确保消防应急供水；确保消防电话和消防广播畅通；确保消防电梯正常运行，其他电梯返降一层停止使用；启动排烟送风系统，保持加压送风排烟

（4）应急预案演习前的培训、宣传。对物业管理处全体员工进行关于应急预案演习方案培训，使各个部门的员工了解自己的工作范围、运行程序和注意事项。在演习前采用挂图、录像、板报、条幅等形式开展对业主（用户）的消防安全知识宣传。

（5）做好演练设施设备、器材等的准备。在应急预案演习前一周时间，各种设施设备应进入准备状态。检查播放设备、电梯设备、供水设备、机电设备的运行状况；准备通信设备、预防意外发生的设备和器材；准备抢救设备工具和用品等。确保所有设备、器材处于良好状态，准备齐全。

（6）准备工作落实情况的检查。演习前3天，由演习总指挥带领相关负责人对应急预案演习准备工作进行最后综合检查，确保演习顺利进行，避免发生混乱。检查包括人员配备、责任考核、设备和器材准备、运输工具以及疏散路径等内容。

（7）应急预案演习的实施。表3-7所示为火灾应急预案演习的实施，用以说明实施步骤。

表3-7　火灾应急预案演习的实施步骤

序号	实施步骤	具体说明
1	通知演习开始	开启广播通知业主（用户）应急预案演习开始，反复播放引导业主（用户）疏散
2	人员就位	灭火队各灭火小组开始行动，按分工计划展开灭火、疏散、抢救工作
3	进入状态	电梯停到一层，消防梯启动，所有消防设备进入灭火状态
4	消防灭火模拟演习	物业管理服务公司进行疏散演练、灭火器实喷演练、抛接水龙带演练、救护演练、模拟报警训练等，邀请业主（用户）观看或参加实际训练
5	通知演习结束	演习结束，用消防广播通知业主（用户）应急预案演习结束，电梯恢复正常，并感谢业主（用户）、宾客的参与支持
6	演习总结	应急预案演习结束后，要求各灭火小组对演习工作进行总结，要拜访业主（用户）或采取其他方式收集业主（用户）对应急预案演习的意见，找出存在的问题并进行讨论确定，改进演习方案和演习组织实施过程中的不合理之处

问题48：突发事件事后如何总结与分析？

　　无论是哪种突发事件，在处理完毕后，物业经理都应该进行总结与分析，将事件的危害性、造成的损失做好充分的统计，并向全体通报。物业经理尤其要关注物业公司员工在突发事件中的表现，考察他们是否按照既定的应急处理程序和处理办法行事。

对应急处理中表现优异的员工，物业经理要公开表扬，对那些在事件中没有按照处理程序行事而给公司造成重大损失的员工，物业经理应与其谈话，指出问题所在，与其一起制订改善计划，以便在下次事件中，不再犯同样的错误。

第四周　物业风险防范

物业管理服务从整个行业来看，所涉及的空间和时间范围是非常广泛而深远的，同时与众多的业主（用户）的生活息息相关，上述特点决定了物业管理服务面临的风险可能是无时不在和无处不在的。物业管理服务行业又是相对利润低的行业，风险的承担可能导致企业正常生产经营活动无法进行，所以风险的防范成为摆在物业管理服务整个行业和各个物业管理企业的头等大事。

问题49：物业管理有哪些风险？

由于物业管理工作涉及方方面面，这就给管理工作带来一定的复杂性，从而导致物业管理风险种类也较多。按不同的方式，可将物业管理风险分为以下5类。

1.按风险产生的原因划分

按风险产生的原因来划分，可将物业管理风险分为自然风险和社会风险两类，具体如表3-8所示。

表3-8　按风险产生的原因划分物业管理风险

序号	类别	具体说明	特点
1	自然风险	自然风险系指由于物理和实质危险因素所导致财产毁损的风险，如水灾、火灾、地震等	自然风险是不以物业公司的意志为转移的，是处在自然状况和客观条件下的风险
2	社会风险	社会风险系指由于个人行为的反常或不可预料的集体行动所造成的风险，如盗窃、抢劫等	社会风险的发生将给物业公司服务范围内的业主或住户（使用人）造成人身损害、财产损失

2.按风险的变化程度划分

按照风险的变化程度来划分，物业管理风险可以分为静态风险和动态风险两类，具体如表3-9所示。

表3-9　按风险的变化程度划分物业管理风险

序号	类别	具体说明	特点
1	静态风险	静态风险系指由于自然力量的不规则变动或由于个人错误所导致的风险，如企业财产损失风险、员工伤亡损失风险等	这种风险将使物业公司在管理服务过程中遭遇危险事故（地震、火灾、车祸等）发生的结果，它只有损失的机会而无获利的机会，通常会使物业公司遭受财产、人身及责任上的损失
2	动态风险	动态风险系指由于经济、社会、政治等环境以及人类的技术、组织等变动而产生的风险，如管理服务风险、财务收支风险等	这种风险将使物业管理在管理服务过程中遭遇事故发生的结果，除了使企业有损失的机会，同时也存在获利的机会

3.按风险形成的时间划分

按照风险形成的时间划分，物业管理风险可分为早期介入风险、前期管理风险和日常管理风险三类，具体如表3-10所示。

表3-10　按风险形成的时间划分物业管理风险

序号	类别	具体说明	包括内容
1	早期介入风险	早期介入风险系指充当房地产前期可行性研究或规划设计、施工等阶段的顾问工作所承担的风险	主要包括介入的风险、项目接管的不确定带来的风险、专业咨询的风险等
2	前期物业管理风险	前期物业管理风险系指自房屋出售之日起至业主大会的召开、业主委员会成立并与物业公司重新签订物业管理服务委托合同这段时间内，物业公司所承担的风险	主要包括物业管理服务合同订立、执行的风险；承接查验阶段风险；与房地产开发企业配合销售、各种配套设施设备完善工作中所遇到的风险等
3	日常物业管理风险	日常物业管理风险系指物业公司与业主大会和业主委员会签订了物业管理服务合同之后所开展的正常服务过程中所承担的风险	主要包括业主（用户）违规装饰装修带来的风险；物业管理服务费收缴风险；各类物业及配套使用中带来的风险；管理项目外包存在的风险以及法律概念不清导致的风险等

4.按损失的形态不同而划分

按损失的形态不同而划分，物业管理风险可分为财产风险、人身风险和责任风险三类，具体如表3-11所示。

表3-11 按损失的形态不同划分物业管理风险

序号	类别	具体说明
1	财产风险	财产风险系指财产发生毁损、灭失和贬值的风险，如房屋有遭受火灾、地震等损失的风险
2	人身风险	人身风险系指人们因生、老、病、死而招致损失风险，如物业公司内部员工因病死亡等带来的风险
3	责任风险	责任风险系指对于他人所遭受的身体伤害或财产损失应负法律赔偿责任，或无法履行契约导致对方受损失应负的契约责任风险。如物业管理工作中由于管理服务人员的擅自离岗、缺位，导致业主（用户）家庭财产受损而承担责任风险；又如高空抛物导致路人伤亡，抛物者承担着责任风险

5.按风险承担者的不同而划分

按风险承担者的不同而划分，物业管理风险可分为物业公司风险、业主（用户）风险、房地产开发商风险、专业分包单位风险等，具体如表3-12所示。

表3-12 按风险承担者的不同划分物业管理风险

序号	类别	具体说明
1	物业公司风险	该风险系指物业公司在物业管理活动中，由于企业员工管理的缺位或服务质量不到位而使业主（用户）造成损失而带来的风险
2	业主（用户）风险	该风险系指广大业主（用户）由于信息不对称，对物业公司及物业管理内容缺乏了解，选择的物业公司提供的服务和内容并未达到标准，即出现质价不符，使广大业主（用户）承受精神与经济损失的风险
3	房地产开发商风险	该风险主要系指物业管理的前期介入和前期物业管理选择的物业公司所提供的服务并未使楼盘建设及楼盘销售达到自己预期目标而带来的风险
4	专业分包单位风险	该风险系指物业公司把一些独立的服务分给专业公司去做（如保洁、绿化、维修、安全护卫等），他们面临的风险是资金的压力、服务质量、价格的竞争

问题50：物业管理风险产生的原因是什么?

作为物业公司来讲，必须通过对风险产生的原因进行分析，有针对性地采取纠正预防措施，以避免给企业带来不必要的损失。物业公司风险的产生，究其原因主要有图3-9所示的六点。

缺乏风险意识	👉	企业没有风险意识，就等于失去了警惕，本来可以发现和避免的风险也无法规避
缺乏管理经验	👉	物业管理从业人员素质不高，缺乏管理经验，难以应付物业管理中复杂多变的情况，从而给企业带来了风险
物业管理法律法规不健全	👉	物业管理的法规长期滞后于物业管理发展的实践，结果使许多问题缺乏明确的法律依据，这样就加大了物业公司的风险
物业管理合同风险	👉	物业公司在签订合同时没有明确约定相关责任或忽视相关条款，甚至做出一些承诺，致使在合同履行过程中处于被动局面
缺乏政府及时的支持	👉	政府对物业管理中发生的问题不能及时反应，也给物业公司带来了极大的风险
缺乏保险意识	👉	由于物业公司缺乏保险意识，同时也为了节约成本支出而未上保险，一旦发生意外，物业公司将承受巨大的损失

图3-9　物业管理风险产生的原因

问题51：如何识别物业管理的风险？

1.项目运作风险的识别

项目运作风险是指项目在运作阶段，由于物业本身具有的瑕疵或开发商与业主的矛盾、业主委员会等因素造成损失的风险，具体表现如表3-13所示。

表3-13　识别项目运作风险

序号	表现形式	生命周期	发生概率	可能损失
1	新建物业无合法报建手续，违章建筑，接管后造成"违法管理"	前期物业服务期	小	罚款、曝光
2	开发商与业主的矛盾，造成公司腹背夹击	前期物业服务期	大	管理被动、物管费不能按时收取
3	业主委员会成立后解除合同	后期物业服务期	中	物业管理权丧失
4	业主大会或业主委员会滥用职权	后期物业服务期	中	管理被动
5	业主大会或业主委员会未按法定程序成立	后期物业服务期	小	服务合同无效、管理权丧失、管理被动
6	非业主滥用业主权	后期物业服务期	中	管理被动

2.治安风险的识别

治安风险是指由于外界第三人的过错和违法行为，给物业管理服务范围内的业主或非业主（用户）造成人身损害、丧失生命和财产损失等风险，即导致了物业管理服务的风险，具体表现如表3-14所示。

表3-14　识别治安风险

序号	表现形式	生命周期	发生概率	可能损失
1	入室盗窃	物业管理全过程	大	人员伤亡、处罚、赔偿、曝光
2	入室抢夺、抢劫	物业管理全过程	大	人员伤亡、处罚、赔偿、曝光
3	入室故意伤害	物业管理全过程	大	人员伤亡、处罚、赔偿、曝光
4	入室故意杀人	物业管理全过程	大	人员伤亡、处罚、赔偿、曝光
5	公共区域盗窃	物业管理全过程	大	人员伤亡、处罚、赔偿、曝光
6	公共区域抢夺、抢劫	物业管理全过程	大	人员伤亡、处罚、赔偿、曝光
7	公共区域故意伤害	物业管理全过程	大	人员伤亡、处罚、赔偿、曝光
8	公共区域故意杀人	物业管理全过程	大	人员伤亡、处罚、赔偿、曝光

3.车辆管理风险的识别

车辆管理风险是指物业停车场经营车辆停放服务过程中，车辆发生车身受损、车辆灭失等损坏的风险，具体表现如表3-15所示。

表3-15　识别车辆管理风险

序号	表现形式	生命周期	发生概率	可能损失
1	车内物品被盗	物业管理全过程	中	赔偿
2	车身受损，包括刮擦、坠物砸车	物业管理全过程	大	赔偿
3	车辆灭失	物业管理全过程	中	赔偿
4	物业内交通事故	物业管理全过程	中	赔偿

4.消防管理风险的识别

消防管理风险是指因发生火灾造成业主的公共利益受损的风险，具体表现如表3-16所示。

5.设备风险的识别

物业、公共设施和设备的多样性和分布的分散性特点，随之而来产生了风险的频繁发生。物业本身主要包括房屋本体公共部位及属于物业管理服务范围的房屋建筑物的附着物、坠落物和悬挂物；公共设施和设备包括供水、供电、安全报警系统、排水和排污系统、配套的娱乐活动设施等，具体表现如表3-17所示。

表3-16　识别消防管理风险

序号	表现形式	生命周期	发生概率	可能损失
1	电器线路引发火灾	物业管理全程	大	人员伤亡、处罚、赔偿、刑拘
2	明火引发火灾	物业管理全程	大	人员伤亡、处罚、赔偿、刑拘
3	爆炸	物业管理全程	小	人员伤亡、处罚、赔偿、刑拘
4	室内浸水	物业管理全程	大	物品损坏、赔偿
5	机房进水	物业管理全程	小	设备烧损

表3-17　识别设备风险

序号	表现形式	生命周期	发生概率	可能损失
1	触电伤人	物业管理全程	中	赔偿
2	房屋附着物垮塌	物业管理全程	小	人员伤亡、物品损坏、赔偿
3	爆水管	物业管理全程	中	业主矛盾、拒交物业管理费、水资源流失
4	二次供水设备损坏	物业管理全程	小	业主矛盾、拒交物业管理费
5	水箱污染	物业管理全程	小	人员伤亡、赔偿、曝光
6	突然超负荷、短路或停送电造成电气设备设施损毁	物业管理全程	小	赔偿
7	电梯困人	物业管理全程	大	业主矛盾
8	设备检修、保养伤人	物业管理全程	中	人员伤亡、赔偿
9	公共设施设备、娱乐设备设施伤人	物业管理全程	大	人员伤亡、赔偿
10	单元门口对讲设备故障导致业主不能进单元门	物业管理全程	中	业主矛盾
11	室外音箱遭到损坏	物业管理全程	小	设备损坏
12	化粪池爆炸	物业管理全程	小	设施损坏、人员伤亡、赔偿

6.公共环境风险的识别

公共环境风险是指小区和大厦的公共区域的工程施工、绿化施工、消杀等工作中可能会对业主造成伤害的风险，具体表现如表3-18所示。

7.内部管理风险的识别

内部管理风险是指由于内部管理及劳资纠纷、不安全生产及违规操作造成的风险，具体表现如表3-19所示。

8.收费风险的识别

收费风险是指公司各种收费方面出现的风险，具体表现如表3-20所示。

表3-18　识别公共环境风险

序号	表现形式	生命周期	发生概率	可能损失
1	儿童落水	物业管理全程	中	人员伤亡、赔偿
2	儿童戏水触电	物业管理全程	中	人员伤亡、赔偿
3	游泳池伤人	游泳池开放过程	中	人员伤亡、赔偿
4	植物伤人	物业管理全程	中	人员伤亡、赔偿
5	跌落、滑倒	物业管理全程	大	人员伤亡、赔偿
6	业主宠物伤人	物业管理全程	中	人员伤亡、赔偿

表3-19　识别内部管理风险

序号	表现形式	生命周期	发生概率	可能损失
1	员工损公肥私、贪污盗窃或监守自盗	物业管理全程	大	资金损失
2	猎头挖人	物业管理全程	大	主要管理人员流失
3	员工消极怠工、激烈冲突、集体跳槽	物业管理全程	小	服务工作无法开展
4	高空作业不安全生产	物业管理全程	小	人员伤亡、赔偿
5	电器设备违规操作	物业管理全程	小	人员伤亡、赔偿

表3-20　识别收费风险

序号	表现形式	生命周期	发生概率	可能损失
1	业主长时间拖欠费用	物业管理全程	大	服务工作不能正常开展
2	业主集体拒交费用	物业管理全程	小	服务工作不能正常开展
3	物业管理费标准不统一	物业管理全程	大	业主拒交物业管理费
4	水电费的拖欠	物业管理全程	小	停电、停水

9.自然灾害风险的识别

自然灾害风险是指因大风、暴雨、恐怖行径及流行性疾病等造成的危机，具体表现如表3-21所示。

表3-21　识别自然灾害风险

序号	表现形式	生命周期	发生概率	可能损失
1	雷击	物业管理全程	大	人员伤亡、赔偿
2	暴雨	物业管理全程	大	设备机房、停车场进水，造成设备损伤
3	大风	物业管理全程	大	物品坠落、人员伤亡
4	恐怖行径	物业管理全程	小	人员伤亡
5	流行性疾病	物业管理全程	大	人员伤亡

问题52：如何防范物业管理的风险？

1.项目运作风险的防范

对于项目运作风险的防范措施如表3-22所示。

表3-22　项目运作风险的防范

序号	表现形式	风险预控	采取措施
1	新建物业无合法报建手续，违章建筑，接管后造成"违法管理"	风险转移	物业接管验收时严格把关，并在《前期物业服务合同》中增加相应条款，实现非保险型风险转移
2	开发商与业主的矛盾，造成公司腹背夹击	风险自留	做好与开发商和业主的沟通工作
3	业主委员会成立后解除合同	风险自留	准确引导业主委员会成立，形成管理服务有利面
4	业主大会或业主委员会滥用职权	风险自留	建立业主委员会沟通和监测管理规程，通过沟通正确引导业主委员会的行为
5	业主大会或业主委员会未按法定程序成立	风险自留	准确引导业主委员会的成立，注意监测非业主委员会委员业主的动态
6	非业主滥用业主权利	风险自留	积极与业主委员会、业主进行沟通，并在物业服务手册和协议中明确业主的权利和义务，加强宣传

2.治安风险的防范

对于治安风险的防范措施如表3-23所示。

表3-23　治安风险的防范

序号	表现形式	风险预控	采取措施
1	入室盗窃		
2	入室抢夺、抢劫		（1）封闭式物业外来人员实行进入登记，经业主（用户）同意后入内；巡逻人员加强巡逻，注意外来人员动向
3	入室故意伤害		
4	入室故意杀人		
5	公共区域盗窃	风险自留	（2）非封闭式物业加强巡逻；监控消防中心严格监督外来人员动向和接警处理；监控报警设备正常使用，如出现故障短时间内不能修复，应采取相应管理加强措施；建立预案
6	公共区域抢夺、抢劫		
7	公共区域故意伤害		
8	公共区域故意杀人		

3.车辆管理风险

对于车辆管理风险的防范措施如表3-24所示。

表3-24　车辆管理风险的防范

序号	表现形式	风险预控	采取措施
1	车内物品被盗	风险转移	购买停车票时附带购买停车保险；签订车位使用协议，明确车场管理内容；在车场明显位置注明停车须知，明确车场管理内容及车主应遵守的规定；加强车辆进出管理和巡视；取得车场合法经营权
2	车辆灭失		
3	车身受损，包括刮擦		
4	物业内交通事故	风险自留	设置车辆行驶标识和限速标识；加强车辆行驶疏导

4.消防管理风险的防范

对于消防管理风险的防范措施如表3-25所示。

表3-25　消防管理风险的防范

序号	表现形式	风险预控	采取措施
1	电器线路引发火灾	风险转移与自留	物业接管中明确要求消防已经过验收，并合格；在消防维保合同中明确管理责任；在治安消防安全责任书中明确业主管理责任；加强消防设施设备的日检、周检、月检、季检、年检，做好记录；建立预案，加强人员培训和演练
2	明火引发火灾		
3	爆炸	风险自留	封闭式物业外来人员实行进入登记，经业主（用户）同意后入内，巡逻人员加强巡逻，注意外来人员动向；非封闭式物业加强巡逻，监控消防中心严格监督外来人员动向和接警处理，监控报警设备正常使用，如出现故障短时间内不能修复，应采取相应管理加强措施
4	室内浸水	风险自留	加强装修监管，禁止破坏防水层；在装饰装修管理服务协议中明确责任；建立预案和备用物资到位
5	机房进水	风险自留	加强机房巡视；建立预案，并加强人员培训

5.设备风险的防范

对于设备风险的防范措施如表3-26所示。

6.公共环境风险的防范

对于公共环境风险的防范措施如表3-27所示。

表3-26　设备风险的防范

序号	表现形式	风险预控	采取措施
1	触电伤人	风险自留	加强物业内配电箱、线路巡视，有险情及时关闭或处理，并增加安全标识
2	房屋附着物垮塌	风险自留	加强装修监管，严禁增加房屋附着物；加强宣传
3	爆水管	风险自留	加强巡视和维护；建立预案，并组织人员培训和学习
4	二次供水设备损坏		
5	水箱污染	风险自留	严格办理相关证件；水箱上锁并按规定定期清洗、检测；加强巡视
6	突然超负荷、短路或停送电造成电气设备设施损毁	风险自留	加强供电局沟通，保证停送电信息准确；加强设备巡视，保证设备运行正常；计划性停电提前告知业主；建立预案，并加强人员培训
7	电梯困人	风险转移	在电梯维保合同明确责任；加强电梯巡视，保证设备运行正常
8	设备检修、保养伤人	风险自留	提前告知；加强标识提示
9	娱乐设施伤人	风险自留	加强设施巡视，保证设施运行正常；告知娱乐要求
10	单元门口对讲设备故障导致业主不能进单元门	风险自留	加强巡视，及时维修和养护；物业巡逻人员熟悉单元门启闭方法
11	室外音箱遭到损坏	风险自留	加强巡视，及时检修；加强业主引导
12	化粪池爆炸	风险自留	加强巡视，及时清掏

表3-27　公共环境风险的防范

序号	表现形式	风险预控	采取措施
1	儿童落水	风险自留	增加安全标识；加强巡逻
2	儿童戏水触电		
3	游泳池伤人	风险转移	购买保险；明显处设置游泳须知和禁止标识；取得游泳池合法经营证件；建立预案，并组织人员培训
4	植物伤人	风险自留	加强植物修剪；对于"尖麻"等植物处增加标识
5	跌落、滑倒、碰撞	风险自留	易滑处增加提示标识；维修和更新改造处采取隔离措施，增加明显标识
6	业主宠物伤人	风险自留	加强引导；要求业主宠物备案；加强巡视

7.内部管理风险的防范

对于内部管理风险的防范措施如表3-28所示。

表3-28 内部管理风险的防范

序号	表现形式	风险预控	采取措施
1	员工损公肥私、贪污盗窃或监守自盗	风险自留	加强人员培训和思想教育；加强收费控制
2	猎头挖人	风险自留	加强企业文化建设；形成良好晋升和激励机制
3	员工消极怠工、激烈冲突、集体跳槽	风险自留	及时掌握员工思想动态和加强沟通
4	高空作业不安全生产	风险转移	外墙清洗采用外包的，在合同中明确责任；建立室外高空维修安全操作规程，并严格执行；为员工购买工伤保险或商业险
5	电器设备违规操作	风险自留	建立室外电器维修安全操作规程，并严格执行；为员工购买工伤保险或商业险

8.收费风险的防范

对于收费风险的防范措施如表3-29所示。

表3-29 收费风险的防范

序号	表现形式	风险预控	采取措施
1	业主长时间拖欠费用	风险自留	建立物业管理费拖欠预警机制，加强预警；加强住户沟通，注意重点客户监控
2	业主集体拒交费用		
3	水电费的拖欠		
4	物业管理费标准不统一	风险自留	建立良好的控制和应对措施

9.自然风险的防范

对于自然风险的防范措施如表3-30所示。

表3-30 自然风险的防范

序号	表现形式	风险预控	采取措施
1	雷击	风险自留	定期检测，保证防雷设施完好
2	暴雨	风险自留	注意气候变化；建立预案，定期组织培训和演练；保证应急物资到位
3	大风		
4	恐怖行径	风险自留	建立预案，组织学习和演练
5	流行性疾病	风险自留	建立公共卫生事件应急预案，组织学习和演练

问题53：如何预控物业管理的风险？

物业管理风险具有两面性，随着所管理的物业范围扩大，物业档次的提高，若趋向好的方面，会使物业公司增加收益；若趋向坏的方向，同样会使物业公司遭受损失。

根据物业管理中风险的特点、性质、类别及其潜在影响等，在物业管理风险发生前，应采取如图3-10所示的各种预控手段，力求消除或减少风险。

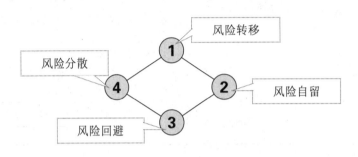

图3-10 预控物业管理风险的措施

1.风险转移

物业管理风险转移是指物业公司将其损失有意识地转嫁给与其有相互经济利益关系的另一方承担，目前许多物业公司都在运用这种风险管理方式，具体做法如下。

（1）非保险型转移风险。物业公司常将风险影响较大、企业不能接受、可分散的部分风险工程，通过签订专项服务合同的形式，分包给专业技术性强的其他专门公司来承担，实际上就是将风险损失转由另一方承担和赔偿。

比如，物业公司把所管理大厦的玻璃外墙的清洗工作分包给设备优良、专业化程度高且技术性强的专业清洗公司，在"协议条款"中涉及许多具体的责任问题，合同双方可以充分利用它，巧妙地转移风险损失责任。

物业公司可以在协议条款中应用"免责约定"形式。比如，合同中载明"若被委托方在管理过程中造成业主或使用人的人身、财产损失时，责任和费用由被委托方承担"。

（2）保险型转移风险。即通过参加保险，以小数额的保费为代价，避免所承受的风险。实践中，物业公司可以把自己的财产、运输工具、机械设备等进行投保，还可以为员工投保意外伤害险和健康保险。这是由于物业管理服务过程中，有可能发生或出现意外事故，如触电、坠落等工伤事故。

2.风险自留

物业管理风险自留是指物业公司预期某项风险不可避免时，自行设立基金，自行承担风险的处置方式。在处置自留的风险时，物业公司要采取各种措施减少风险发生的概率以及降低损失程度。

现实中物业公司通常的做法如下。

（1）招聘经验丰富的物业管理人员参与全过程的管理。

（2）与外聘的保险公司的专家共同组成风险防范小组。

（3）主动采取措施做好财务准备等。

比如，在进行物业管理经费财务预算时通过留有一定余地来预防"漏交率"升高带来的风险。

3.风险回避

物业管理风险回避是指物业公司要根据自身的实际情况、经济能力，来选择风险较小的管理项目或放弃那些风险较大的经营服务项目。

对于一些物业管理资质低、管理经验不足的企业，通常以选择普通住宅小区管理来回避可能因自身经营不善带来的风险，还有一些物业公司为了增加收入，本末倒置，将本来就不十分充足的人力、物力投入到房地产中介、商业网点、文化娱乐设施等方面，致使本来可以回避的风险没有得到很好的防范，给企业造成了不可估量的损失。

需要特别注意的是，风险与收益共存，一味地、盲目地进行风险回避也是不合适的，它会导致企业争取获得高收益的进取精神不足。

4.风险分散

物业管理风险分散是指物业公司通过科学的管理组合，如选择合适的几种不同类型物业进行管理组合、不同管理期限的组合、物业公司自身的"集团式"管理组合，使整体风险得到分散而降低，从而达到有效地控制风险。

应该注意的是，物业公司在选择所管物业时要注重高风险类型物业和低风险类型物业适当搭配，以便彼此之间相互弥补。另外还要注意同期管理的物业数量，所管理的物业数量太少时，风险分散作用不明显；所管理的物业太多时，会加大组织管理的难度，以及导致物业公司资源分散，影响组合的整体效果。

第四个月

员工配备与激励管理

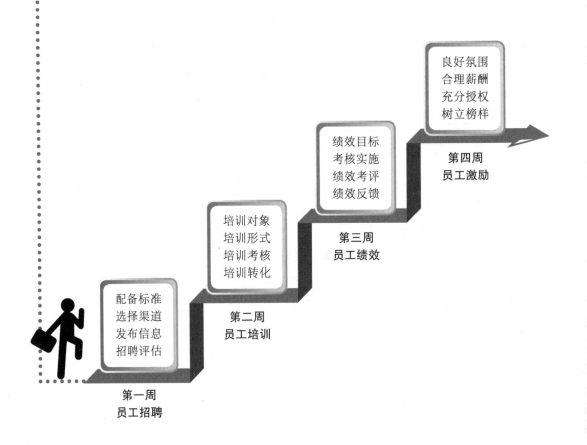

良好氛围
合理薪酬
充分授权
树立榜样

第四周
员工激励

绩效目标
考核实施
绩效考评
绩效反馈

第三周
员工绩效

培训对象
培训形式
培训考核
培训转化

第二周
员工培训

配备标准
选择渠道
发布信息
招聘评估

第一周
员工招聘

▼

第一周　员工招聘管理

员工的配备与招聘是物业经理日常工作的一个重要组成部分，只有做好了这项工作，物业经理才能为公司安排合适的员工，为小区提供最好的服务。

问题54：员工配备有什么标准？

物业经理在配备员工时，一般应根据物业公司的现状与发展、所管物业的类型、管理的范围与要求、所管物业的面积大小、业主的需要等因素结合公司的定员定编合理确定。

1.多层住宅物业管理员工的定编

多层住宅物业管理员工的定编标准，按建筑面积计算，1万平方米配置3.6人左右，各类员工配置及标准，如表4-1所示。

表4-1　多层住宅物业管理员工的定编标准

岗位		配备标准
管理层	经理	总建筑面积10万平方米以下设1人，10万至20万平方米，设1正1副，25万平方米以上，设1正2副
	助理	总建筑面积10万平方米以下设1人，在10万平方米以上每增加5万平方米增加1人
	社区文化	社区文化设1人，活动中心、场所的值班员工另计
	财务	物业公司财务相对独立，一般设出纳、会计各1人
	其他	其他员工如资料员、接待员、仓管员可根据物业大小和工作需要来设置
作业层	维修员	建筑面积每4万平方米设置1人
	绿化员	绿化面积每4000平方米左右设1人
	保洁员	每140户设1人
	保安员	每120户设1人
	车管员	根据道口或岗亭设置，车辆流量大的每班设2人，流量小的每班设置1人，一日3班

2.高层住宅物业管理员工定编

高层住宅物业管理员工定编标准，按建筑面积计算，每1万平方米配置7.5～7.8人，各类员工配置及标准如表4-2所示。

表4-2　高层住宅物业管理员工的定编标准

岗位		配备标准
管理层	经理	建筑面积小于5万平方米设经理1名，每增加5万平方米增设副经理1名
	助理	每350户设1人
	社区文化	社区文化设1人，活动中心、场所值班员工另计
	财务	会计、出纳各设1人
	其他	可以根据工作需要设置
作业层	机电员工	高层住宅楼宇机电设备设施一般都有电梯、消防、供水、供电设施，要相应配备工程技术员工，建筑面积在3万平方米以上的楼宇每1万平方米配1.5人
	保洁、绿化员工	建筑面积每7000平方米左右或90～100户配1人；公共场所或商业场所可适当调整员工
	保安员工	每40户配1人或建筑面积3000平方米左右配1人
	车管员	依据岗亭或道口设置，车辆流量大的每班每岗设2人，流量小的每班设1人，一日3班

问题55：如何选择招聘渠道？

物业公司一般招聘渠道主要分两种，即直接招聘渠道和间接招聘渠道，其中直接招聘渠道主要为校园招聘和人才专场招聘；间接招聘渠道是委托招聘、猎头招聘、网络（如58同城网、赶集网等）招聘、媒体招聘。对于企业而言，校园招聘一般不需要支付场地费用和广告费用，而且在现在大学生就业困难的情况下，校方也是千方百计邀请企业进行校园招聘，但是校园招聘的对象主要是没有工作经验的大学毕业生，有长期人才规划的企业采用这种校园招聘的方式网罗优秀人才是比较合适的，但是对于技术人员的招聘，一般需要应聘者有一定的工作经验，采用委托招聘和在媒体发布广告的方式比较合适，总之选对了合适的招聘渠道，就能有效地降低其招聘的成本。

1.主要招聘渠道的对比

主要招聘渠道的对比如表4-3所示。

表4-3　主要招聘渠道对比

序号	招聘渠道分类	细分	优点	缺点	整体分析	备注
1	网络招聘	专业人才网络	信息传播范围较广，如智联招聘网、58同城网、赶集网等	花费较高	网络是最常用的招聘形式，招聘信息可以定时定向投放，发布后也可以管理，其费用相对比较低廉	与各大网站的业务员建立良好的合作关系
		企业网站招聘	这是花钱最少的招聘方式	但网站的点击率是关键	适用于全国性的大企业或者行业内的知名企业，一般企业点击率不会很高	定时更新
		相关论坛、微信群、QQ群发信息等	人员多，信息传达比较快	需要一定的人力和时间发帖，诚信度不是很高	如果其他渠道效果不好可以使用此种招聘方式	一般只发布职位信息不发布公司信息，留有简历投递方式即可
2	校园招聘	校企联合专场	人数能得到极大满足，也提高企业知名度	花费可能要相应大一点	最好在校方准备招聘会前期举行	根据自己公司特点找几家适合的学校，并和相关专业就业办负责人保持良好关系
		学校组织招聘会	花费较少，信誉度等方面都有所保障	竞争力比较大，很多其他企业也在疯狂招人	时刻保持与校方就业办联系，随时准备参加	
3	现场招聘会	大型招聘会现场、人才市场现场招聘	总体上效率比较高，可以快速淘汰不合格人员，控制应聘者的数量和质量	受到展会主办方宣传推广力度的影响，求职者的数量和质量难以有效保证	常用于招聘一般型人才	与负责招聘会的人保持良好的合作关系，以在购买展位时可以提前得到消息购买到比较好的展会位置
4	猎头、外包、培训公司	猎头公司	利用储备人才库、关系网络，在短期内快速、主动、定向寻找所需人才	收费比较高，通常为被猎成功人员年薪的20%～30%	因为猎头主要面向的对象是企业中高层管理人员和企业需要的特殊人才	慎重审核简历的真实性及期望工资的现实性
		外包公司	利用其关系网络，在短期内快速、主动寻找企业所需人才	员工劳动关系属于外包公司，工作时缺乏主人翁精神，流动性大，稳定性差	主要适用大量中低端人员（有一定社会经验）的招聘，特别是在如年底等特殊时期能保证人员的及时上岗	与相关公司保持良好的合作关系，以备在人员需求特殊时期能保证人员上岗

续表

序号	招聘渠道分类	细分	优点	缺点	整体分析	备注
4	猎头、外包、培训公司	培训公司	一般是比较热门的职业，毕业生经过简单培训就能上岗	虽能立刻上岗工作，但是理论基础不深不适合培养骨干人员	适用对技术含量要求不高，需要有人辅导才可操作熟练的职位	与相关公司保持良好的合作关系，以备在人员需求特殊时期能保证人员上岗
5	内部招聘	企业内部招聘	企业内部竞聘大会，有利于增加员工的主观能动性	适合内部人才的选拔，人员供给的数量有限，易"近亲繁殖"，形成派系	通常这种方式用于那些对人员忠诚度比较高、重要且应熟悉企业情况的岗位	为避免"近亲繁殖"，有关系的人员应该分配到不同体系就职
		员工推荐	招聘成本小，应聘人员与现有员工之间存在一定的关联相似性	选择面较窄，难以招到能力出众、特别优异的人才	适合需求不是太大的专业人士和中小型公司	

2.选择渠道说明

（1）内部招聘。通过内部招聘，一方面确保公司内部业务和文化的匹配，另一方面也是公司为员工的职业生涯发展提供的机会。此种方式费用低，质量有保证，大部分职位可先通过发布内部信息的方式进行招聘。

（2）员工推荐。这种方法在寻找很难招到的人才时，如招聘高科技或信息专业人才时特别有效，可节省大量费用。

（3）网上招聘。专门的招聘网站按年收费，费用较低，可以发布任何数量的广告，因此可以作为一般职位招聘需求的首选方式，但对高级职位的招聘效果不理想。

（4）报纸广告。招聘渠道中，所在地区主流报纸效果较好，特别适用于招聘各类中高级人才职位，但费用较高。

（5）校园招聘。校园招聘适用于有长期人才培养计划、相同需求职位较多的公司。

（6）猎头公司。仅限于招聘部门经理及以上级别的职位使用。

问题56：如何发布招聘信息？

常常逛人才市场的人，也许都会有这样一个印象：所有招聘海报的格式几乎都是一样的，而且各个招聘职位的排版也几乎没有什么差异。那么物业公司应该怎样重视信息发布工作呢？具体来讲，在选择了合适的招聘渠道后，物业公司在信息发布方面要做好以下两点工作。

1. 要明确招聘重点

在将招聘信息对外发布时，物业公司需要根据不同职位人员需求的轻重缓急来确定每次招聘活动的重点，从而为招聘活动确定一个核心。

2. 重点职位要突出显示

一般来讲，物业公司发布招聘信息的第一层次目的就是吸引求职者眼球，那怎样才能吸引求职者眼球呢？那就是突出显示。在确定了整个招聘活动的重点和核心职位后，物业公司就需要在排版上对这些职位信息进行突出显示，如放大职位需求信息、加"急聘"二字等，总之，要使这些职位信息能够达到突出、个性、差异的效果。

问题57：如何评估招聘工作？

招聘评估通常是一个很容易被遗忘的角落，因为就一般情况来讲，物业经理对招聘关注更多的是原定的招聘目标是否完成，这其实就是一种结果导向式的评估。但熟知绩效管理的从业者都知道，绩效管理不仅需要评估结果，也要评估过程，所以，物业经理对招聘评估的焦点就需要集中在已发生的招聘活动的过程和招聘结果这两大方面。

首先，在过程评估方面，物业经理要关注是否有突发事件、突发事件是否得到了合理解决、计划与实际是否有差异之处、是否存在明显的纰漏之处等几大指标。而在招聘结果方面，物业经理主要是锁定三大关键指标，一是成本核算，二是实际到位人数，三是应聘总数。

与此同时，在开展招聘评估工作时，物业经理还需要把握的一个关键点就是及时。通常来讲，在完成每个项目或阶段性的招聘活动后的一个月内，物业经理就需要开展招聘评估，因为一旦绩效评估与招聘活动的间隔时间过长，绩效评估的激励力度就会呈现出递减之势，所以招聘评估的及时性也是整个招聘流程需要把握的一个重点。

第二周　员工培训管理

被称为朝阳产业的物业管理行业，经过多年的发展，已显现出越来越强的生机，为适应市场经济发展的需要，物业经理要做好员工的培训工作，提高员工的工作技能水平，为公司创造最高效益，也为业主（用户）提供最佳服务。

问题58：如何分析培训需求？

1.培训需求分析不合理会使培训效果大打折扣

合理的培训计划，应建立在物业公司对员工培训需求进行科学分析的基础之上，确保满足物业公司需要的同时也能满足受训员工需要。然而，许多物业公司在实际培训过程中，常出现培训内容与实际需求脱节的问题。

一方面，培训前不能准确地进行培训需求分析，培训的内容、方式与物业公司总目标联系不紧，与员工"短板"结合较差，盲目跟风，趋从他人，表面看开展得轰轰烈烈，内容也响应时代，实则无的放矢、华而不实。

另一方面，在实际培训过程中，结合岗位需求让员工参与实践的机会太少，员工只是单纯学习一些理论知识，难以在实际工作中灵活应用。总之，培训需求分析不合理会使培训效果大打折扣，不但造成物业公司大量的资源浪费，而且还不能解决物业公司实际问题，还会在某种程度上打击员工参与培训的积极性。

2.物业公司必须进行合理的培训需求分析

只有科学、准确的培训需求分析，才可以使物业公司把有限的人力、物力、财力都用在亟须解决的问题上，使培训效果达到最佳。而要做好培训需求分析，物业公司必须做好培训需求调查，以了解不同岗位的差异化需求，为培训计划奠定牢固基础。将员工个人特质与物业公司要求相结合，如员工的知识、技能低于工作任务要求时，表明需求已经存在，就无需再进行调查。可以通过问卷调查、职代会提案等方式定期进行培训需求调查，将物业公司和员工的需求统一到培训的具体内容和途径等方面中去。

问题59：如何明确培训对象与内容？

1.培训对象

物业经理在开展培训工作前，必须明确公司所培训的对象，并对其进行合理分类。和其他企业一样，物业公司的员工构成基本可分为操作层、管理层和决策层，如图4-1所示。

由于物业管理的服务性特点，物业公司又具备自己鲜明的特征。其工作内容大致可分为清洁、绿化、保安、工程设施维护，以及特约服务等几个部分，除了专业类培训的特别要求外，同时要求员工，特别是管理层员工具有较高的管理水平。培训工作最忌讳

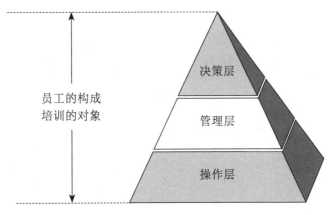

图4-1　物业公司员工的构成

的是培训对象水平的参差不齐，因为设计好的课程很难同时满足不同水准的各类管理服务人员的需求，物业经理要注意这一点。

2.培训的内容

物业经理可以将物业管理培训内容分为基础类、专业类和应用类三种，如表4-4所示。

表4-4　物业管理培训的内容

序号	培训类型	具体内容
1	基础类	主要是学习、了解和掌握物业管理相关的法规和基本运作程序及方法，是日常工作的指导性知识和内容
2	专业类	主要涉及具体工作所需的专业知识和专业技能。这部分有的可以通过物业公司的培训而达到目的，如清洁绿化人员的作业培训，但有时仅靠物业公司的培训是不够的，如工程技术类的专业知识和专业技能，这些培训主要是由社会的基础教育及学历教育，以及职业技能教育提供，物业经理通过选择性招聘具有所需专业知识和专业技能的人才，并通过企业内部和外派的培训进行补充和充实
3	应用类	主要是指从事物业管理行业并做好相应工作所必须用到的知识和技能，如面对客户所需要的礼仪常识和沟通技巧等。由于物业管理大多数岗位都有客户沟通和服务层面，因而对相应的规范和技巧都有要求。另外，这方面还应包括物业公司实施某些管理措施所开展的培训，如推行ISO 9001质量保证体系或企业CI形象体系所进行的旨在贯彻标准的培训，还有旨在弘扬本企业文化以加大企业凝聚力和对外发散力的培训

问题60：员工培训可采取什么形式?

物业公司员工培训形式主要有两种，即职前培训和在职培训，具体内容如表4-5所示。

表4-5　物业公司员工培训形式

序号	培训形式		具体内容	备注
1	新员工职前培训	培训目的	（1）了解公司的基本情况（如企业宗旨、企业精神、企业的历史和现状及发展趋势） （2）熟悉公司的各项规章制度（如考勤制度、奖惩制度、考核制度、晋级制度等） （3）掌握基本的服务知识（如职业思想、行为规范、语言规范、礼貌常识等） （4）掌握岗位工作的具体要求（如岗位责任制、业务技能、工作流程及要求、操作要领等）	通过职前培训可以使新进员工熟悉和适应新的工作环境并掌握必要的工作技能。新员工对公司的最初印象、感受以及得到的培训知识，对他们未来工作产生极大的影响
		培训内容	（1）公司历史、公司业务 （2）组织结构图 （3）福利组合概览（如健康保险、休假、病假、学费报销、退休等） （4）业绩评估或绩效管理系统，即绩效评估，何时、由谁来评估、总体的绩效期望 （5）薪酬程序：发薪日，如何发放 （6）职位或工作说明书和具体工作规范 （7）员工体检日程安排和具体体检项目 （8）职业发展信息（如潜在的晋升机会、职业通道、如何获得职业资源信息） （9）基本的人与机械控制和安全培训 （10）员工手册、政策、程序、财务信息 （11）有关公司识别卡或徽章、钥匙、电子邮箱账户的获取，及电脑密码、电话、停车位、办公用品的使用规则等 （12）技术或具体与工作相关的信息（或如何与相关上级主管或同事协商培训的日程安排） （13）着装要求 （14）工作外的活动（如运动队、特殊项目等） （15）员工职业道德、敬业精神 （16）消防安全知识 （17）物业管理基础知识等内容	为了加深新员工对公司的印象，还可以准备一份资料袋，把公司的宗旨、经营思想、目标，公司组织机构图、公司主要规章制度、有关奖惩条例、《员工手册》、《员工行为语言规范》等印发给每一位新员工

续表

序号	培训形式		具体内容	备注
		培训需求调查	在职员工培训就是以在职员工为培训对象，旨在改进或提高他们的知识、观念、技能、工作能力的一种培训方法	对在职员工的培训工作必须具有针对性。在职员工一般已经拥有了比较丰富的工作经验，因此物业经理需要针对他们工作中存在的问题，他们的实际需求进行培训，因此进行培训需求调查非常必要
2	在职员工培训	培训内容	（1）员工手册的加强培训 （2）岗位职责、操作规程反复加深培训 （3）员工素质培训（包括职业道德、归属感、安全教育等） （4）新设备、新产品、新技术、新操作流程培训 （5）提高与本业务有关的管理知识、技能、技巧的反复培训 （6）礼仪礼貌、仪容仪表的反复培训 （7）就客人投诉反映出的问题进行案例分析	
		培训方法	（1）岗位培训。使员工掌握本岗位所需的专业知识，增加员工的知识量和知识深度，使员工能适应更高标准的要求而开展的培训。培训的组织形式既可以公司自己办班，也可以参加专业机构组织的各种岗位培训 （2）业余学习。是员工利用工作之余进行的以提高专业知识、技能为目的的学习方式，如参加物业管理专业函授学习和自学考试、该夜校等，这种方式是提高物业管理从业人员素质的重要途径 （3）专题培训。是针对物业公司在采用新的管理方法或应用了新的设备、新的技术或制定了新的制度时，为保证公司采用新方法、新设备、新技术、新制度的正常运行而开展的培训。专题培训既可以自己办班组织，也可以派员外出学习 （4）脱产进修。主要用来培选员工到高等院校、科研单位、典型公司去进修、学习。这种培训，由公司推选员工到高等院校、科研单位、典型公司去进修、学习，是在职培训的重要方式之一	

问题61：如何考核与反馈培训成果?

1.培训考核

培训考核方法如图4-2所示。

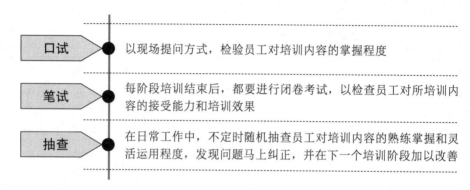

口试	以现场提问方式，检验员工对培训内容的掌握程度
笔试	每阶段培训结束后，都要进行闭卷考试，以检查员工对所培训内容的接受能力和培训效果
抽查	在日常工作中，不定时随机抽查员工对培训内容的熟练掌握和灵活运用程度，发现问题马上纠正，并在下一个培训阶段加以改善

图4-2　培训考核方法

2.培训成果反馈

为了确认培训效果，物业经理可在考核的同时，对员工进行受训意见调查，收集他们对培训工作的意见和建议，以便在下次培训中作出相应改进。

问题62：如何做好培训后的转化工作?

当一项培训活动结束后，即使前期培训工作做得再好，如果受训人员没有把培训中所学知识、技能应用到实际工作中，那么这个培训项目毫无疑问也是失败的。物业公司的最终目标是创造高效益，这个目标能否顺利实现很受员工表现影响。物业公司如果不能采取适当措施将培训成果转化为现实生产力，员工难免得过且过，易滋生消极怠工情绪，进而导致培训风险发生，影响到培训效益和组织目标的实现。目前，很多物业公司不注重建立自己的培训效果评估体系，在培训工作结束后，忽视了成果转化工作，缺乏对培训前后物业公司绩效差异的跟踪分析，对培训中的盲点认识不充分也使得培训工作难以发挥应有作用。

物业公司实施员工培训，能使受训员工将所学知识运用到实际工作中去才是最终目的，但有研究表明，员工所学只有10%转移到工作中，可见，做好培训转化工作对于提高培训效果意义重大。为促进培训成果的顺利转化，可采取如图4-3所示的措施。

图4-3　促进培训成果顺利转化的措施

1.采取合理的激励措施提高员工工作积极性

物业公司应根据员工自身特点，在培训过后采取直接或间接的激励手段，或是让员工选择自己最满意的激励方式来保证培训效果，这样可以有效改善员工的工作态度，提高员工的忠诚度，对于培训成果的转化以及培训风险的规避起到重要作用。

2.加强物业公司的硬件设施建设

培训后，员工的自身技能和素质得到提高，物业公司原有的设施和条件可能不再满足员工需求，员工获得的新技能只有与新的硬件设备相结合，才能发挥实效，才能最大程度提高物业公司的生产效益。

3.做好培训后的评估工作

培训评估作为培训管理流程中的一个重要环节，是衡量物业公司培训效果的重要途径和手段，具有信息反馈作用。通过评估，物业公司可以清楚地了解培训后员工的知识是否得到了更新，员工工作表现是否得到了改善，物业公司的绩效是否得到了提高，它既是对上一阶段培训效果的估量，也为下一阶段的培训工作做好准备。

第三周　员工绩效管理

绩效考核是对员工工作成绩的考核，是物业经理的重要工作之一。一般来说，物业公司每月月底都会进行月度绩效考核，到年底时又要进行年度绩效考核，有些物业公司还要进行季度考核。每个物业公司情况不同，物业经理要根据公司实际情况作出适当安排。

问题63：如何制订绩效目标和计划？

1.绩效目标

物业公司的目标体系分成公司、部门和员工三个层次。由战略规划可以确定当年的公司的绩效计划，由总经理负责完成。当企业的绩效计划确定以后，就需要分解到部门，部门的绩效计划再分解到员工。部门的责任书、员工的考评表都是绩效计划的主要方式，这样就形成了企业该年的目标体系。同样，下一年度也是如此，但不同的是，该年通过经营检讨方式发现需要改进的地方会纳入下一年度的绩效计划之中，这样可以保证公司、部门和员工的目标成为一个完整的体系。

2.绩效计划的制订

（1）绩效计划制订方法。绩效目标和计划应在考评期开始之前制订，制订方法可采取图4-4所示的两种方式。

由员工制订计划，直接主管审核确认

方式

由员工和其直接主管共同制订完成，并根据绩效计划签订绩效合约

图4-4　制订绩效计划的方式

> **特别提示**
>
> 绩效计划一般一式两份，由员工和直接主管分别保存。

（2）绩效计划制订依据。制订绩效计划时，部门和各层次员工分别按照图4-5所示的依据制订。

| 公司目标、部门目标 | 公司、部门关键工作任务或项目 | 公司经营计划、部门工作计划 | 部门职责、岗位职责 | 其他 |

图4-5　制订绩效计划的依据

（3）绩效计划的形式。绩效计划可以采取绩效合约、工作计划等形式来体现。

问题64：如何开展绩效考核？

制订绩效计划后，下属就开始按照绩效计划开展工作。在工作的过程中，部门负责人要对下属的工作进行指导和监督，对发现的问题及时予以解决，并根据实际情况进行调整。同时要做好持续、有效的绩效沟通及对被管理者工作表现的记录。

1.进行工作指导和监督

为了提高下属岗位员工实现绩效目标的能力，主管有义务承担对员工的辅导责任。在发现员工的方法和手段不能很好地胜任工作时，主管应当无私地提供自己的经验和技能支持。

进行辅导时，首先要对员工的工作方法、结果进行及时的评价，因而最好随时观察或检查员工的工作并将之记录下来。这种评价，主要是通过描述具体的行为、数据来对照目标进行反馈，提出这些行为、数据可能的影响与后果，在此基础上进行辅导。对于高层岗位的员工而言，这种辅导更多的是提出建设性的建议，而对于基层的员工来说，更多的是主管的亲自演示与传授。

2.持续、有效的绩效沟通

表4-6所示的沟通方式可供选择采用，但不限于这5种。

表4-6　绩效沟通方式

序号	沟通方式	具体说明
1	周工作日志	周工作日志适用于各部门负责人及所属员工使用，将每天的工作记录在案，并在每周五下午前交直接上级，作为考评的依据
2	部门例会	部门全员参加，每周一举行，各部门就上周工作进行总结，并对部门下周的工作进行安排
3	月计划和总结	每月末进行，各部门将本月的工作完成情况和下月工作计划以书面形式交公司人力资源部，供公司办公会使用
4	公司办公例会	各部门经理（含经理）以上人员参加，一般每周举行一次，由各部门汇报本周的工作完成情况和下周工作计划，就出现的问题提出可行性的实施方案。每月底最后一次办公会或每月初第一次办公会上，需就最近一个月的工作情况进行总结汇报，安排下一个月工作
5	员工协调会议	每季度初举行一次公开讨论会，主要是将上季度公司经营情况通报给员工，总结进步与不足，并对下季度的工作进行动员和展望。在会议中，员工可将建议或怨言反映给公司高管层，公司高管层也可以将公司政策和计划讲解给员工们听，相互之间进行广泛的讨论和沟通

问题 65：如何进行绩效考评？

绩效考评是指通过一定的绩效考评指标体系和考评量表，对各部门、员工（总监、经理、副经理、员工）一定时期的工作成绩进行衡量，为绩效改进、绩效提高、教育培训、薪酬福利等工作提供依据。

1.考评人

（1）员工岗。通常，员工岗的直接上级为该员工的主要考评人，占该员工考评系数权重的70%，另外部门经理也是其考评人，占该员工考评系数权重的30%。如部门经理即员工的直接上级，则部门经理占该员工考评系数权重的100%。

（2）部门主管岗。部门主管岗的公司分管领导为其主要考评人，一般占其考评系数权重的70%，总经理占其考评系数权重的30%。如总经理即该部门负责人的直接上级，则总经理占其考评系数权重的100%。

（3）副总经理岗。总经理是副总经理的考评人，占该考评系数权重的100%。

2.绩效考评标准

绩效标准一般采用工作分析和专家小组讨论的办法来确定。即采用工作分析的各种工具与方法明确各岗位工作的具体要求，提炼出鉴别该岗位工作优秀的员工与工作一般的员工的标准。

依据企业的战略，可制订个人或群体的工作行为和工作成果标准，标准尽管有多项，每一项也有很明细的要求，但衡量绩效的总的原则只有两条：是否使工作成果最大化；是否有助于提高组织效率。

比如，评估一名维修工的工作。这项工作的行为标准可能包括"及时为业主（用户）提供维修服务"，而从工作成果的角度看，绩效标准可能是"每月返修率为零""业主（用户）满意度为100%"。这两条标准相比较，显然真正重要的是后者，如果该维修工每月能及时开展维修服务，他的工作仍然会受到上级的赏识；如果该维修工每次都能"及时为业主（用户）提供维修服务"而完不成工作成果的要求，其返修率很高，则他的工作仍然是不能令人满意的。

3.绩效考评周期

绩效考评周期可以分年、季度、月、周、日等多种形式，选择什么样的周期取决于企业的规模、管理幅度、员工的层级、工作性质。

一般来说，层级越高的岗位其考评周期越长，考评频率越低。董事会对总经理的绩效考评一般以年度为周期，董事会也会以一个任期作为考评周期，为其设定一些相对长期的指标，但是总经理至少每半年或每个季度要非正式地向董事会报告一次工作进度。

中层岗位一般以半年或季度为考评周期，至少每个月要非正式地向主管报告一次工作进度。规模较小的物业公司可以要求中层岗位员工每周报告一次。

基层岗位员工，特别是从事管理的基层员工，如保洁班长、绿化班长、护卫班长等每日需报告一次，但是其考评周期同样也可以是以月、年或半年为单位。

4.绩效考评形式

绩效考评形式有图4-6所示的五类，各种考评形式各有优缺点，在考评中宜分别选择或综合选用。

图4-6 绩效考评的形式

5.绩效考评办法

各类考评办法如下。

（1）查询记录法：对员工工作记录档案、文件、出勤情况进行整理统计。

（2）书面报告法：部门、员工提供总结报告。

（3）重大事件法（关键事件法）。

6.绩效考评表

所有考评办法最终反映在绩效考评表上。

问题66：如何进行绩效反馈？

反馈是绩效考评中的最后一个环节，也是最重要的一个环节。绩效反馈的目的是让被考评者了解自己的绩效状况，将管理者的期望传递给被考评者。

绩效反馈的途径有很多，但其中最直接、最有效的是主管与员工的面谈，通过面谈，不但可以准确地将绩效考评的结果告知员工，更重要的是，在面谈中，主管与员工可以面对面地交流，双方可以针对考评结果，共同讨论研究出改进的方案。

1.绩效反馈的准备

绩效反馈前，管理人员与员工都要做好相应的准备工作，具体如表4-7所示。

表4-7 绩效反馈的准备

序号	准备对象	准备事项
1	管理人员	（1）选择适宜的时间 （2）准备适宜的场地 （3）准备面谈的资料 （4）对待面谈的对象有所准备 （5）计划好面谈的程序
2	员工	（1）准备表明自己绩效的资料或证据 （2）准备好个人的发展计划 （3）准备好想向管理人员提出的问题 （4）将自己的工作安排好

2.绩效反馈表

为了促进主管与员工进行认真的谈话，避免主管人员单方面评价后对员工隐瞒结果，可采用一种谈话记录单的形式，要求记录双方的主要谈话并予以签字确认。

3.绩效改进计划

考评双方在考评周期内共同制订绩效改进计划也是不可缺少的一环。为了保证绩效反馈面谈所能起到的作用，考评双方应根据被考评者以往绩效情况，共同制订绩效改进计划，具体步骤如图4-7所示。

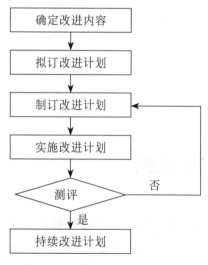

图4-7 绩效改进计划制订步骤

（1）确定改进内容。在已确定有改进项目的需要后，第一步就是要找出问题所在：为何绩效未达到可以达到且应达到的水准？

选取待改进项目的工作，由管理人员和员工合力来完成，选取时应先考虑图4-8所示的四个因素。

1 管理人员的想法是正确的吗？也许员工自己就能改进一项出现问题的工作；也许管理人员想改进的项目却早已是员工的优点

2 员工认为该从何处着手？这一项因素可激发员工改进的动机，因为对于不愿意去改进的地方，员工通常是不会去思考改进的

3 哪一方面的改进较有成效？立竿见影的经验总使人较有成就感，也有助于再继续其他方面的改进

4 对所花的时间、精力和金钱而言，哪一方面的改进最合算？这是一项客观的决策，只需根据事实与逻辑观念考虑即可

图4-8　选取待改进内容应考虑的因素

（2）拟订改进计划。应将所有可能改进绩效的方法列于一张表上，并分为员工能做的、管理人员能做的，以及应改善的环境等。

比如，参加管理人员会议；工作轮调；与企业里的专家研讨；研读手册和程序说明；参加技术部门的研修活动；暂时派至其他部门。

（3）制订改进计划。一个有效的绩效改进计划应满足图4-9所示的四点要求。

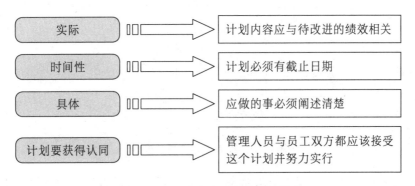

实际	➡	计划内容应与待改进的绩效相关
时间性	➡	计划必须有截止日期
具体	➡	应做的事必须阐述清楚
计划要获得认同	➡	管理人员与员工双方都应该接受这个计划并努力实行

图4-9　绩效改进计划应满足的要求

（4）实施改进计划。管理人员对计划的完成在实施时应注意以下事项。

——确定员工了解此项计划。

——若环境变动，计划需改变时应与员工洽商，并将改变部分写在原计划上。

——到期前定期提醒员工，以使其能依计划进行并避免因遗忘而使计划失败。

——持续不断地促使计划完成，管理人员需经常提醒员工。

——若计划有部分未按进度达成，应予纠正。

特别提示

员工在遇到妨碍计划完成的事情发生时，应立即反映让管理人员知道。当计划变得不切合实际时，应予以修正。假设有任何事情发生使计划变得不可能或不实际，员工应了解，并提醒管理人员。

（5）持续改进计划。一个计划只针对一个项目予以改进，这种做法确实能使工作的一部分获得改善，但何时展开第二项绩效改进计划，这得视实际情况而定。一般来说，当一个绩效改进计划全部或部分完成时，第二项改进计划应已确定好。当然，如果计划不是很复杂，管理人员及员工可以同时执行一个以上的计划。

4.绩效结果的申诉

考评结果反馈是考评者与被考评者之间有效的沟通手段，它可以准确传达公司对被考评者在工作中值得肯定的业绩和不足之处。

各岗位已有评核结果的定期考评表交给被考评者后，被考评者如对考评过程是否按绩效管理制度执行有异议，可以向上一级或人力资源部提出申诉（如图4-10所示）。人力资源部接受申诉后，视情况采取以下两种处理办法。

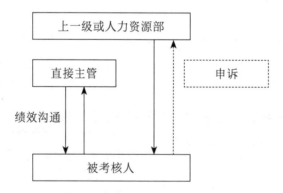

图4-10　绩效考评结果的申诉

（1）进行调查和协调，如果应维持原考评意见，可通过直接主管用翔实的证据向考评对象说明维持原评论意见的道理，对经复审需作修正的考评结果，也应在修正后由主管收录并通知被考评者。一般在5个工作日内，应向申诉者答复最终结果。

（2）如果人力资源部与部门主管无法解决则呈绩效管理委员会，予以调查和协调，在7个工作日内，向申诉者答复最终结果。申诉日期一般限于考绩反馈被考评者后三个工作日内进行，逾期不予受理。

第四周　员工激励管理

在现代企业管理中，企业人员素质直接决定企业员工绩效的好坏，所以对如何采取各种激励措施激励出员工最大潜力，是现代企业管理者比较关注的一个主要方面。如果能充分调动员工的积极性，那么他们的潜力将发挥到80%～90%，其中50%～60%是激励的作用。因此，物业经理要特别重视对员工的激励管理工作。

问题67：如何完善工作体系？

一个完善的工作体系需要从以下两个方面去考虑。

1.丰富工作内容

丰富的工作内容可以不间断地激起员工工作积极性，力求取得更大成绩。

（1）考虑时机。出现图4-11所示的情况之一者，可以考虑丰富工作内容。

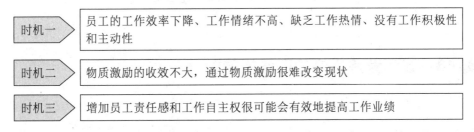

图4-11　考虑丰富工作内容的时机

（2）基本原则。丰富工作内容应遵循图4-12所示的基本原则。

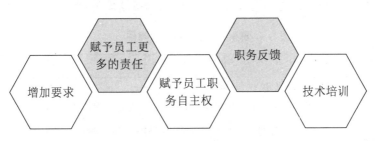

图4-12　丰富工作内容应遵循的原则

2.进行工作扩大化安排

工作扩大化是指工作的范围扩大，旨在向员工提供更多的工作，即让员工完成更多的工作量。当员工对某项工作更加熟练时，提高工作量会让员工感到更加充实。不过物业经理也要注意，不能给员工增加太多工作，否则很容易挫伤员工的工作积极性。

（1）工作扩大化设计的原理。工作扩大化是使员工有更多的工作可做，通常这种新工作同员工原先所做的工作非常相似。

该方法是通过增加某一职务的工作范围，使员工的工作内容增加，要求员工掌握更多的知识和技能，从而提高员工的工作兴趣。研究表明，职务扩大增加了员工的工作满意度，提高了其工作质量。

（2）工作扩大化的途径。把工作加以扩大的途径主要有两个："纵向工作装载"和"横向工作装载"。"装载"这个名称是指将某种任务和要求纳入工作职位的结构中。如图4-13所示。

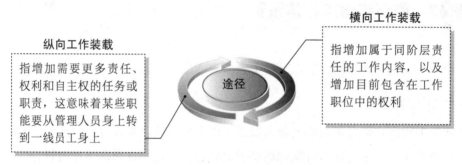

图4-13　工作扩大化的两个途径

问题68：如何营造良好的工作氛围？

1.优化沟通环境

良好的沟通是优化企业环境的重要内容。创造良好的沟通环境须做好以下两点。

（1）克服沟通障碍。常见的沟通障碍主要有表4-8所示的四种。

表4-8　常见的沟通障碍

序号	障碍	说明
1	个人障碍	源于员工在情绪、价值观、教育、种族、性别、社会经济地位等因素的差异，这些因素常使员工之间产生心理距离，从而阻碍员工的有效沟通
2	物质障碍	常产生于沟通的环境因素，如刺耳的噪声、身体距离、隔墙壁等，物质障碍常常通过改变环境，以便让发送者能够影响接收者的感受与行为来消除

序号	障碍	说明
3	语义障碍	源于双方对沟通所用的符号，如词语、图像或动作的定义的不同理解，符号通常具有多种含义，一旦选错，误解即刻发生
4	口头沟通障碍	进行口头沟通的障碍有许多，甚至很多人没有认识到这些障碍的存在。人们习惯于认为沟通技巧就是自己与他人沟通的能力，大多数的口头沟通需要有聆听的存在，但人们总是不能积极主动地去聆听他人的讲话

（2）形成沟通制度。

——沟通制度化。在企业内部建成一系列的沟通制度，使沟通渠道顺畅。

——沟通定期化。在企业的日常管理中，应该定期进行沟通，了解员工的身心；如果遇到紧急或突发事件，应该及时进行沟通。

2.营造良好的学习环境

学习环境对个人的自我发展极为重要，如果物业公司的学习氛围和学习环境很差，将很难吸引人才的目光。因此，物业经理要使其长久地服务于公司，就必须不断地营造良好的学习环境。

（1）培育员工追求卓越的意识。培育员工追求卓越意识的方法如表4-9所示。

表4-9　培育员工追求卓越意识的方法

序号	方法	具体说明
1	建立适当的个人愿景	个人愿景是指个人真正关心、希望做到的事情，与抽象的目标相比，愿景是更为具体，能够通过一些努力就可以达到的，有了清晰的愿景，员工才能有努力的方向
2	保持创造性张力	培养员工保持创造性张力是员工自我超越的一个核心内容，可以让员工认清失败的本来面目不过是愿景与现实之间的差距，这种差距正是可以自我超越的空间
3	有效运用潜意识	潜意识往往比有意识的理性思考更加准确，创造力也更强，能够自我超越的员工，对这种潜意识的把握能力会更强，而培养这种潜意识，需要有意识地去专注于某些特别重要的事情，通过不断地加深印象，强化自己潜意识的反应能力

（2）组织学习团队。学习型团队的构建是建设学习型企业的基本过程和基本方式，团队也是学习型企业的基本构建单位。团队经过成员之间不断地磨合、交流、接受、改变之后，能够形成一套大家都可以认同、有约束力的规范，不管这种规范是成文的，还是潜藏于每个成员心中的，都能规范和约束成员的各种行为，成员也开始产生对企业的认同感，并开始形成群体特有的文化。此时的团队如果再进一步发展，成员们将开始注重相互之间的讨论和学习，互相协助，以完成共同的目标和任务，这种学习和协助能够大大提高团队工作的绩效。

3. 创造良好的员工参与氛围

要使员工对工作尽心尽力，并在此过程中保持积极性的最好办法之一，就是让员工参与进来。

（1）征询员工意见。广泛收集员工的建议是让其参与的一个好办法。建议不仅涉及减少开支，而且涉及如何改进企业的服务。但在征询员工的意见时，物业经理必须注意征询意见贵在真诚，贵在尊重对方。

（2）进行双向沟通。双向沟通就是沟通双方互相传递信息，其发出与接受的地位不断交换，双方发生多次重复交流，达成共识。

（3）参与决策过程。参与决策是指在不同程度上让员工参加公司的决策及各级管理工作的研究和讨论。处于平等的地位参与商讨公司的重大问题，可使员工产生强烈的责任感，获得更大的成就感，从而提高员工工作的热情。正确地运用参与决策既能对个人产生激励作用，又能为公司的成功提供有力的保障。

——具有充足的参与时间及参与能力。要使参与式管理有效，必须有充足的时间参与，员工必须具有参与的能力，以及企业文化必须支持员工参与等。

——提倡民主式管理。一个集体、一个企业，要想统一目标、协调行动，沟通是必需的，说明是必要的，同样让员工参与决策，进行民主式管理是应该提倡的。

问题69：如何设计合理的薪酬？

1. 改善分配机制

企业的分配制度是对员工实行激励的主要手段之一。几乎所有的人都希望自己的付出和劳动能够得到公平、合理的回报，也只有在预期能够得到合理回报的基础上，员工才会积极、努力地工作，充分发挥自己的才能和潜力。

（1）分配基本工资。在分配方面，员工最重要的要求就是公平、合理。公平、合理一方面指的是与公司内的其他员工或其他公司的同类员工相比较，每个员工的报酬与付出之比都不低于其他员工；另一方面则是指员工所获得的报酬与他的贡献相比较，要保持一定的比例。

（2）建立工作表现的奖励制度。一般是指根据员工的工作表现，对业绩突出的员工给予加薪、奖金等形式奖励的制度，其中最常用的是奖金。

——制定奖励标准。奖金的一般形式是年终奖，根据员工一年来的工作表现和所取得业绩，向员工发放表示鼓励其工作的年终奖励。应用这种制度最主要的是要考虑工作的评估方法，各种工作的内容不同、完成的难易程度有差异，取得突破性成绩的可能性也不一样，因此要针对不同工作的特点分别制定奖励的标准。

——制定奖励制度。有些工作的完成需要集体的努力，这种情况下很难单独确定个人的贡献，这时就要制定针对整个工作小组的奖励制度。

> **特别提示**
>
> 加薪常作为奖励的方式之一，不仅是对有突出贡献者加薪的速度会很快，正常的加薪也常会以员工的日常表现作为一种重要依据。

（3）完善利润分红制度。利润分红与一般的奖金不同，一般的奖金来源于企业的成本，利润分红则来自于企业的经营成果——利润。利润分红如果形成一种制度，则有利于改善企业和员工的关系。员工的收入多少取决于企业经营状况，因而会更加关心企业的业绩，有利于提高企业劳动生产率。分红的方法大体有以下四种，如图4-14所示。

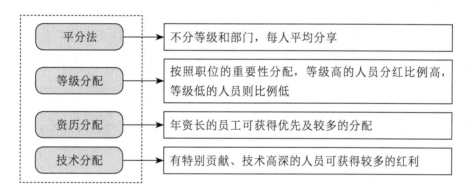

图4-14　分红的方法

利润分红也有一些明显的缺陷，如大多数物业公司在分红时不会考虑员工的实际贡献，往往不能根据贡献拉开档次，主要是认为业绩的提高有赖于全体员工的共同努力。但对于那些贡献大的员工来说，这样做显然是不公平的，而不公平就很容易造成员工的不满，从而失去激励的作用，进而产生"跳槽"的念头。

另外，有时物业公司利润的增长可能是因为一些偶然因素，如某一个竞争对手在竞争中失利，这时的奖励就更谈不上什么激励作用了。

（4）实行股权激励。员工持有了企业的股票，就等于拥有了企业的部分产权，这样企业的兴衰便与员工的切身利益紧密联系在一起，能够激励员工更加关心企业的成长，更加努力地为企业工作。

2.完善生活福利设施

生活福利设施是企业重要的一项福利设施，企业可从图4-15所示的三个方面来完善生活福利设施。

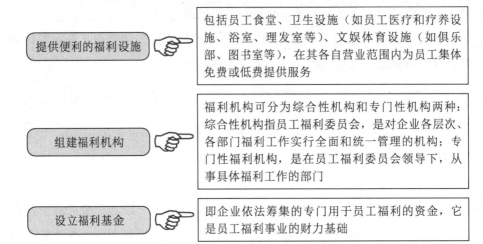

图4-15　完善生活福利设施的措施

3.完善休假制度

物业公司应按法律规定合理确定休假办法，如在法定节假日要求员工上班，则要支付高于正常工作时间的劳动报酬。

特别提示

企业安排员工带薪休闲度假，允许员工生病时带薪休病假，可以帮助员工恢复和保持良好的精神和体力状态，在正常的工作时间里更加精力充沛地做好工作。这种提供休息时间给员工精神和体力上带来的好处，不是工资的方式所能取代的。

问题70：如何进行充分授权?

1.充分授权的作用

授权是一个赋予员工责任、权力的过程。

（1）授权增强了员工执行任务的信心，并使员工相信自己对组织作出了有影响的贡献。

（2）授权转变了员工的观念，使他们从觉得没有权力转变为对个人能力产生了强烈的自信，这就使他们工作更主动，在面对困难时能坚持不懈地去完成他们的工作任务。

2.创造良好的授权环境

为鼓励授权，必须创造一个良好环境，使处于其中的每个人都会觉得他对自己职责范围以内的绩效标准和经营效果有真正的影响。一个授权的工作环境，给员工提供了出色执行任务的必要信息、如何使用信息和如何工作的知识、对工作的控制和进行决策的权力，以及按所作贡献应获得的报酬。由于只需很少的人来指导、监督和协调，授权环境降低了成本；又由于从根本上激励了员工并产生了高绩效，也提高了产品质量和服务水平；另外由于员工能够做到现场发现问题，找到解决方案并抓住改进的机会，授权环境还会带来快速的行动。

3.常用授权措施

（1）可以采取下列措施进行授权。

——允许员工参加决策，显示他们有能力高水平完成任务的信心。

——设计他们的工作并获得更大的自由。

——设置有意义和富于挑战的目标。

——称赞突出的绩效。

——鼓励员工在工作中承担个人责任。

——给员工提供信息和其他资源，并提供社交上的甚至是情感上的支持。

（2）更具体的措施如下。

——提高各层次的签字权。

——减少规则和批准步骤。

——任命非常规时工作权限。

——允许员工进行独立的判断。

——提高灵活性和创造性。

——把工作更多地看成是项目而不是任务。

——在公司内部（或在公司外部）给员工提供更多的自由使用资源的机会。

问题71：如何开展评优活动？

通过优秀员工评选这一过程，物业经理要号召全体员工以身边的优秀员工为榜样，认真执行物业公司的各项规章制度和操作流程，以带动全体人员的综合素质及精神面貌的提升，调动员工整体积极性，稳定员工，激励员工不断进取，保持高水准的优质服务，给员工一个展现自我价值的空间，让物业公司和员工之间有良好的发展平台。

1.制定评选规则

在开展评选优秀员工活动之前，物业经理应先制定评选规则。因为物业公司员工分基层员工和管理人员两部分，物业经理在制定评选规则时要分别制定不同规则。

2.公开进行评选

为使评选更加客观、准确，物业经理应采用多级审核制。首先由各部门认真讨论，由部门提名，填报"评选推荐提名表"，送交人力资源部核查，然后由物业经理组织评审委员会对各部门提名员工进行评审，评选结果出来后，物业经理要将结果进行公告，并按评选规则进行奖励。

第五个月

物业维护与绿化管理

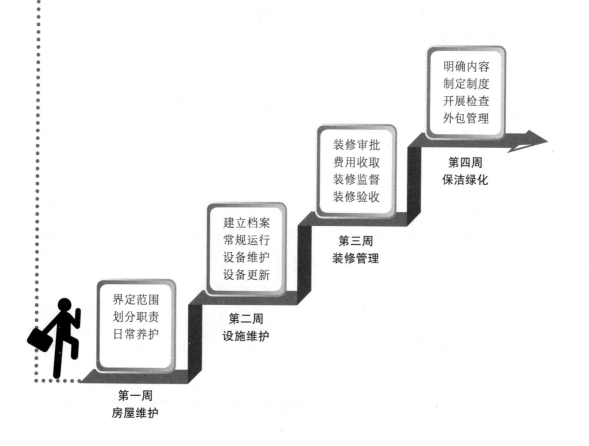

界定范围
划分职责
日常养护

第一周
房屋维护

建立档案
常规运行
设备维护
设备更新

第二周
设施维护

装修审批
费用收取
装修监督
装修验收

第三周
装修管理

明确内容
制定制度
开展检查
外包管理

第四周
保洁绿化

▼

第一周　房屋的维护与管理

为了满足房屋的使用功能，延长使用年限保证其使用安全及完好状态，物业经理必须有计划地对小区房屋本体进行维护及修缮。

问题72：如何界定房屋本体的范围？

房屋本体是指房屋结构相连或具有共有、共用性质的部位，具体如下。

（1）房屋的承重结构部位。

（2）抗震结构部位。

（3）外墙面。

（4）楼梯间。

（5）公共通道。

（6）门厅。

（7）公共屋面。

（8）公用排烟道等。

另外，与房屋本体相关的还有一些公用（共）设施，如区内道路、公用部位照明、沟渠、池、井、园林绿地、文化娱乐体育场所及设施、停车场、连廊、自行车房（棚）、地下排水管等。

问题73：如何划分管理职责？

对于房屋本体的维护管理必须确定责任人员，当然，这项工作不是某一个部门能完成的，需要相关部门的协作，举例如下。

（1）工程部人员负责房屋本体及公用设施的日常巡视检查，客服中心值班员负责接受业主投诉及根据安全员巡视检查中发现的问题填写记录。

（2）机电主管或领班负责每月对房屋本体的巡视检查，负责按照《房屋本体设施保养计划》上的要求组织对房屋本体设施的维护及保养，并负责所有中修以上房屋本体及公用（共）设施维修项目的申报和施工的现场监督工作。

（3）工程部负责房屋及公共设施的日常养护及零星小修，负责大、中修或改造、翻新项目的申报（包括报请业主审批）及配合实施、验收。

（4）工程部主管负责房屋本体及公共设施大、中修及改造、翻新项目的审批，并监督组织实施。

问题74：如何进行房屋本体的日常养护？

房屋日常养护是物业公司房屋修缮管理的重要环节，通过对房屋的日常养护，可以维护房屋和设备的功能，使发生的损失及时得到修复；对一些由于天气的突变或隐蔽的物理、化学损坏导致的猝发性损失，不必等大修周期到来就可以及时处理。

1.日常养护的要求

房屋日常养护的要求如下。

（1）因地制宜，合理修缮。

（2）对不同类型的房屋要制定不同的维修养护标准。

（3）定期检查，及时维护。

（4）加强对二次装修的管理，确保安全，保证正常使用。

（5）最有效地合理使用维修基金。

（6）最大限度地发挥房屋的有效使用功能。

2.房屋日常养护的类型

房屋日常养护可分为以下两种。

（1）零星养护。房屋的零星养护修理，指结合实际情况确定或因突然损坏引起的小修，具体如下。

——屋面筑漏（补漏）、修补屋面、修补泛水和屋脊等。

——钢、木门窗整修；拆换五金器具、配玻璃；换窗纱、油漆等。

——修补楼地面面层。

——修补内外墙、窗台、腰线等。

——拆砌挖补局部墙体、个别拱圈；拆换个别过梁等。

——水卫、电气、暖气等设备的故障排除及零部件的修换等。

——下水管道的疏通；修补明沟、散水、落水管等。

——房屋检查发现的危险构件的临时加固、维修等。

（2）计划养护。房屋的各种构、部件均有其合理的使用年限（如表5-1所示），超过这一年限一般就开始不断出现问题，因此要管好房屋，就应该制定科学的大、中、小修三级修缮制度，以保证房屋的正常使用，延长其整体的使用寿命，这就是房屋的计划养护。

表5-1　一般楼宇设施的保养周期和翻新周期

项目	设备	事项	周期
楼宇设备的保养周期	楼宇内、外墙	走廊及楼梯粉刷	每3年1次
		修补粉刷外墙	每5～6年1次
	供水系统	检查机油及调试各水泵	每15天1次
		清洗水池	每月1次
	电梯	例行抹油及检查	每周1次
		彻底检查及大修	每年1次
	消防设备	日常巡视及保养	每月1次
		聘用政府认可的消防设备保养公司做检查及维修，并向消防处提交报告	每年1次
	沟渠	清理天台雨水筒及渠闸	每周1次
		清理明渠及沙井的沉积物	每2周1次
	机器栏杆	检查锈蚀的窗框、栏杆、楼梯扶手	每月1次
		涂漆	每年1次
楼宇设施翻新周期	楼宇附加装置	屋顶覆盖层	20年
		窗	20年
		门	30年
		五金器具	20年
	修饰	墙壁	15年
		地板	10年
		天花板	20年
	装修	外部	5年
		内部	5年
	供水及卫生设备	喉管	30年
		洁具	20年
	电力	电线	30年
		电力装置	15年
	通风	空调	15年
	其他	电梯及自动扶梯	20年

因此，物业经理应根据房屋各部位的公共设施使用年限，提出定期维护和日常维护计划、方案、标准和实施效果，如表5-2所示。

表5-2 房屋各部位和公共设施保养计划

序号	项目名称	日常巡检	保养周期	维护标准
1	天面	每月	每2年	对破损的隔热面砖修补、更换，做防水处理，检查有无下水管堵塞
2	外墙	每月	每1年	对重点部位清洗、修补
3	内墙	每月	每1年	对裂缝处修补，污染处清洗粉刷
4	楼梯扶手	每月	每2年	对生锈脱漆处修补
5	楼梯踏步	每月	每2年	对破损处修补
6	防火门	每月	每1年	对门锁、闭门器、门边等进行紧固、维修，对脱漆处修补
7	防盗网、围栏	每月	每2年	对脱焊处修复，对生锈脱漆处修补
8	窗户	每月	每1年	对窗锁进行紧固、维修，对脱漆处修补，如有玻璃破损应及时更换（台风季节增加频次）
9	公共区域地砖	每月	每1年	对破损的地砖进行修补、更换
10	公共区域瓷砖	每月	每1年	对破损的瓷砖进行修补、更换
11	天花板	每月	每1年	对破损的天花板进行修补、更换
12	玻璃门（幕墙）	每月	每1年	对地锁、合页进行紧固、维修，如有玻璃破损及时更换（台风季节增加频次）
13	挡雨篷	每月	每1年	对接合处进行紧固、维修，如有破损及时修补
14	人行道	每月	每1年	对破损处进行修补、更换
15	车行道	每月	每1年	对破损处进行修补、更换
16	车位线、标志牌	每月	每1年	对标志牌进行紧固维修，对脱漆处进行修补
17	污水井	每月	每1年	检查是否畅通，无杂物
18	雨水井	每月	每1年	检查是否畅通，无杂物
19	生活水池	每月	每半年	全面清洗，对渗漏处进行修补，保持水质达标
20	消防水池	每月	每半年	全面清洗，对渗漏处进行修补，保持水质达标
21	化粪池	每月	每1年	全面清理
22	污水管道	每月	每1年	检查是否畅通，无堵塞
23	雨水管道	每月	每1年	检查是否畅通，无堵塞
24	井盖	每月	每1年	对脱漆处进行修补，对塌陷、破损的井盖进行更换
25	防雷接地	每月	每1年	对脱焊处进行修复，对生锈处进行防锈处理

另外，还要做好季节性的预防保养工作，如防台风、防汛、防梅雨、防冻、防治白蚁等。

3.房屋日常养护程序

（1）项目收集。日常小修养护项目，主要通过图5-1所示的两个渠道来收集。

走访查房	业主的随时报修
走访查房是物业管理员定期对辖区内业主进行走访，并在走访中查看房屋，主动收集业主对房屋修缮的具体要求，发现业主尚未提出或忽略的房屋险情及公用部位的损坏。为了提高走访查房的实际作用，应建立走访查房手册	鼓励业主发现房屋的质量问题后，可通过电话、微信、来访等方式随时报修，对于报修项目，要做好记录并回访业主

图5-1　日常小修养护项目的收集渠道

（2）计划编制。通过走访查房和接待报修等方式收集到的修缮服务项目，除室内照明、给水、排污等部位发生的故障及房屋险情等应及时解决外，其余修缮服务项目，均由物业管理人员统一收集，逐一落实。其中属于小修养护范围的项目，应按轻重缓急和劳力情况，于月底前编制次月的小修养护计划表，并按计划组织实施。

凡超出小修养护范围的项目，也应于月底前填报中修以上工程申请表。修缮管理部门按照申报表，到实地查看，根据报修房屋的损坏情况和年、季度的修缮计划，进行勘估定案，安排中修以上的工程予以解决。

管理员对即将进场施工的项目要及时与业主联系，做好搬迁腾让等前期工作；对无法解决或暂不进场施工的，应向业主说明情况。

（3）任务落实。管理员根据房屋养护计划表和随时发生的急修项目，开列小修养护单，维护人员凭养护单领取材料，根据养护单开列的工程地点、项目内容进行施工。

在施工中，管理人员应每天到施工现场，解决施工中出现的问题，检查当天任务完成情况，安排次日零修养护工作。

第二周　物业设施设备的维护与管理

物业经理要了解物业设施设备，包括供电设备、供水设备、楼内消防设备、采暖设备、电梯设备等。物业设施设备的运行维护包括设备的运行操作、设备养护、设备维修等内容。

问题75：如何建立物业设备档案？

物业设备基础资料管理，主要是建立物业设备设施系统的原始档案，妥善保管设备技术资料以及政府职能部门颁发的有关政策、法规、条例、规程和标准等文件。

1.收集与整理设备基础资料

物业经理在接管物业之初就要有准备地开始收集、整理以下各项资料，有些资料是在开发商或原物业公司接管的时候就接收的，如设备原始档案；有的则要靠自己留意去收集，如法规方面的资料。

（1）设备原始档案。设备原始档案一般包括图5-2所示的4个方面。

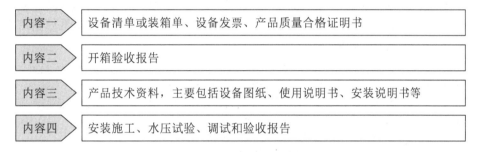

内容一	设备清单或装箱单、设备发票、产品质量合格证明书
内容二	开箱验收报告
内容三	产品技术资料，主要包括设备图纸、使用说明书、安装说明书等
内容四	安装施工、水压试验、调试和验收报告

图5-2　设备原始档案包括的内容

（2）设备技术资料。设备技术资料一般包括设备卡片、设备台账、设备技术登记簿、竣工图和系统资料等。

（3）相关文件。国家有关部门颁发的相关政策、法规、条例、规范、标准等文件是设备管理中的法律文件，指导和约束着物业设备的管理工作，需加以收集、整理。

2.做好分类与保管工作

将收集好的资料分好类，按企业文件控制程序的规定加以保管，并明确管理责任人及借阅手续与程序，以便让资料保管完好、不流失。

问题76：如何做好物业设备的常规运行管理？

物业设备运行管理包括技术运行管理和经济运行管理两个部分。

1.物业设备技术运行管理

物业设备技术运行管理就是要建立合理的、切合实际的运行制度、运行操作规定和安全操作规程等运行要求或标准，建立定期检查运行情况和规范服务的制度等，其主要作用是保证设备安全、正常运行。物业设备技术运行管理应做好如下各项工作。

（1）针对设备的特点，制定科学、严密、切实可行的操作规程。

（2）对操作人员要进行专业培训教育，国家规定需持证上岗的工种必须持证才能上岗。

（3）加强维护保养工作。

（4）定期校验设备中的仪表和安全附件，确保设备灵敏可靠。

（5）科学地监测、诊断故障，确保设备设施安全运行。

（6）对设备事故的处理要严格执行"四不放过"原则。

2.物业设备经济运行管理

对物业设备经济运行管理方面，物业经理应关注和控制的关键点是初期投资费用和运行成本。

（1）初期投资费用管理。在购置设备时，应结合实际情况综合考虑图5-3所示的因素。

（2）运行成本管理。主要包括能源消耗经济核算、操作人员配置和维修费用管理等方面，具体内容如图5-4所示。

因素一	设备的技术性能参数必须满足使用要求及开发的需要
因素二	设备的安全可靠程度、操作难易程度及对工作环境的要求
因素三	设备的价格及运行时能源的消耗情况
因素四	设备的寿命即设备从开始使用到因技术落后或经济上不合算而被淘汰所经过的时间，其中经济上不合算是指设备继续使用所需的维修费用高于该设备继续使用所产生的效益
因素五	设备的外形尺寸、重量、连接和安装方式，以及使用时的噪声和震动等
因素六	采用新技术、新工艺、新材料及新型设备等

图5-3　购置设备时应考虑的因素

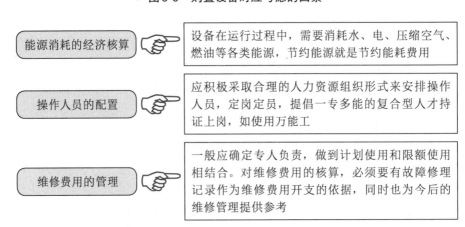

能源消耗的经济核算	设备在运行过程中，需要消耗水、电、压缩空气、燃油等各类能源，节约能源就是节约能耗费用
操作人员的配置	应积极采取合理的人力资源组织形式来安排操作人员，定岗定员，提倡一专多能的复合型人才持证上岗，如使用万能工
维修费用的管理	一般应确定专人负责，做到计划使用和限额使用相结合。对维修费用的核算，必须要有故障修理记录作为维修费用开支的依据，同时也为今后的维修管理提供参考

图5-4　运行成本管理包括的内容

问题77：如何做好物业设备的维护管理？

设备在于管理，好的设备若得不到及时维修保养，就会出现故障，缩短其使用年限。对设备进行维修保养是为了保证设备运行安全，最大限度地发挥设备的有效使用功能。因此，物业经理应加强对设备的维修保养，做到以预防为主，坚持日常维护保养与计划维修相结合。

1.设备维护管理的内容

（1）设备的维护保养。

——维护保养的方式。主要是清洁、紧固、润滑、调整、防腐、防冻及外观表面检查。对长期运行的设备要巡视检查、定期切换、轮流使用，进行强制保养。

——维护保养工作的实施。主要是做好日常维护保养和定期维护保养工作，其要求如表5-3所示。

表5-3　维护保养工作的实施要领

序号	类别	管理要求	保养实施要求
1	日常维护保养工作	应该长期坚持，并且要做到制度化	设备操作人员在班前对设备进行外观检查；在班中按操作规程操作设备，定时巡视记录各设备的运行参数，随时注意运行中有无震动、异声、异味、超载等现象；在班后做好设备清洁工作
2	定期维护保养工作	根据设备的用途、结构复杂程度、维护工作量及维护人员的技术水平等，决定维护的间隔周期和维护停机的时间	需要对设备进行部分解体，为此，应做好以下工作 （1）对设备进行内、外清扫和擦洗 （2）检查运动部件转动是否灵活，磨损情况是否严重，并调整其配合间隙 （3）检查安全装置 （4）检查润滑系统油路和过滤器有无堵塞 （5）检查油位指示器；清洗油箱；换油 （6）检查电气线路和自动控制元器件的动作是否正常等

（2）物业设备的计划检修。计划检修是对正在使用的设备，根据其运行规律及点检的结果确定检修周期，以检修周期为基础编制检修计划，对设备进行积极的、预防性的修理。根据设备检修的部位、修理工作量大小及修理费用的高低，计划检修工作一般分为小修、中修、大修和系统大修四种，如表5-4所示。

2.维护保养计划的制订

（1）计划的准备工作。物业设备的维护保养计划一般是以年度维护保养计划为框架展开的，物业经理一般在上年的12月份制订下一年度的设备保养计划。

表5-4　计划检修工作种类

序号	计划检修类别	主要内容	备注
1	小修	清洗、更换和修复少量易损件，并做适当的调整、紧固和润滑工作	一般由维修人员负责，操作人员协助
2	中修	在小修的基础上，对设备的主要零部件进行局部修复和更换	中修、大修主要由专业检修人员负责，操作人员协助工作
3	大修	对设备进行局部或全部的解体，修复或更换磨损或腐蚀的零部件，尽量使设备恢复到原来的技术标准，同时也可对设备进行技术改造	
4	系统大修	对一个系统或几个系统甚至整个物业设备系统停机大检修，通常将所有设备和相应的管道、阀门、电气系统及控制系统都安排在系统大修中进行检修	系统大修时，所有相关专业的技术管理人员、检修人员和操作人员都要按时参加，积极配合

其中，保养的工作量是不直接反映在年度计划上的，但是在编制年度设备保养计划时要考虑保养的工作量，以便能在全年合理分配工作。在一般情况下，物业设施设备的维护保养计划是比较固定的。年度设备维护保养计划不能大概估算，而是需要相对准确的数据信息，如表5-5所示。

表5-5　制订维修保养计划所需的数据信息

序号	需要的数据类型	具体信息
1	确定需要保养的设备	物业经理应该建立按照设备系统划分的设备档案，通过设备档案就可以全面了解设备现状并制订相应的保养计划
2	确定保养工作的内容	保养工作的内容要根据设备运行状态确定，主要是基于以下两个方面：一方面是设备供应商以及国家法律规定必须要保养的内容，这些信息是比较容易获得的；另一方面是设备的运转情况，尤其是设备出现故障的信息，这是制订设备保养计划时要重点关注的内容

（2）制订设备维护保养计划。设备维护保养计划并不是一张计划表就能解决的，它是设备维护保养的框架，是一系列的计划。年度保养计划在每月、每周都需要进行分解，并对工作内容进行细化。设备维护保养计划可以根据管理要求制订，形式是多种多样的。

有些设备的运行与季节有关，比如，用于中央空调的制冷机，一般在气温高于26℃的季节运行，因此这些设备的维护计划除了要考虑设备本身的磨损规律外，还应与它们的使用情况结合起来考虑，即制冷机的定期维护保养应安排在不运行的期间进行。

（3）维护保养内容。设备的定期保养不论是一保、二保，还是大修，都必须制定详细的工作内容，特别要注意参考日常维护保养中发现、记录的异常情况，设备在大修时更要详细列出维修内容与具体维修项目。

（4）设备维护保养工作定额。设备维护保养工作定额包括工时定额、材料定额、费用定额和停歇天数定额等。设备保养工作定额是制订维护保养计划、考核各项消耗及分析维护保养活动经济效益的依据。

下面提供一份某物业公司设施定期保养计划的范本，仅供参考。

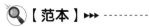【范本】▶▶▶ ┄┄┄┄┄┄┄┄┄┄┄┄┄┄┄┄┄┄┄┄┄┄┄┄┄┄┄┄┄┄┄┄┄┄┄┄

设施定期保养计划

序号	设施名称	维修计划	实施方案	检验标准	备注
1	上下水管道及相关阀门、配件（含洁具）	（1）每两年给各类管道及阀门刷防锈漆1次 （2）每半年阀门上油保养1次	工程班负责组织巡查、维修和检验	（1）管道通畅，无渗漏现象 （2）阀门配件无跑、冒、滴、漏现象 （3）完好率达99%	
2	落水管	每半年保养1次，每年检修1次，每10年大修1次	工程班负责巡查、维修和检验	（1）正常通畅 （2）完好率达99%	夏季
3	消火栓及灭火器材等	（1）消火栓及管道，每年试验1次，每半年全面检修1次，每5年中修1次，每10年大修1次 （2）灭火器材每季度检查1次，每年检测1次	工程班负责组织巡查、维修和检验，公司负责抽查、检验	（1）平常处于良好状态，使用时才能正常发挥作用 （2）整齐有序、卫生清洁	
4	公用标志	每季清洗1次，每4年中修1次	保洁班负责巡视检查	（1）标志清晰、美观，安装牢固 （2）完好率达99%	
5	防雷系统	每年进行1次接地测试，每年检修1次	工程班或专业队伍完成	（1）接地阻值符合规定 （2）完好率达100%	
6	公共照明	每季度进行1次配电箱除尘	工程班负责维修及检验	运行正常，并达到使用标准	
7	各种水泵	（1）每季度注油1次 （2）每周检查轴封情况 （3）消防泵每月试动作1次 （4）电控柜每季度除尘1次	工程班负责维修和检验	（1）保证使用运转正常 （2）外观整洁	
8	生活水箱	（1）每年2次清洗 （2）消毒灯管8000小时后更换	工程班负责维修和检验	（1）保证使用运转正常 （2）水质达标 （3）外观整洁	
9	热力站	（1）每年交换器除垢、压力温度表检测1次 （2）每月给泵加油 （3）每季度对配电柜清理1次	工程班负责维修和检验	（1）各种设备运转正常 （2）温度达到设计标准	供暖期间

续表

序号	设施名称	维修计划	实施方案	检验标准	备注
10	电梯	每月1次：铰接处加油；机房、轿厢底坑除尘、清洁；测试安全系统动作、抱闸工作系数；紧固锁紧部件	公司工程部负责维修和检验	门机开启灵活，活动部件运转自如；机房卫生、清洁；控制柜散热良好；底坑、轿顶清洁	
		每两个月1次：油盒加油；紧固各接线端子及插头	公司工程部负责维修和检验	润滑良好，动作灵活可靠	
		每半年1次：更换齿轮油；更换液压油；清理钢丝绳；各注油孔注油	公司工程部负责维修和检验	润滑良好，磨损正常	
		每年1次：检查部件磨损、润滑情况，检查各安全回路；全面保养；技术监督局年检	公司工程部负责维修和检验	润滑良好，磨损正常；运行正常	
11	电饮水器	（1）每半年除垢清洁1次（2）每两个月检测电控系统1次	公司工程部负责维修及检验	（1）饮用水清洁卫生，无水碱（2）电气元件工作正常	

3.设备维护保养计划的实施

如果没有特殊情况发生，设备维护保养的实施则应该按照维护保养的计划进行。在具体工作开始前，要对工作进行分解，准备好相关材料，实施保养后要进行验收和记录。

如果当天的维护保养工作受到干扰，或者因为其他原因没有完成工作，则需要重新安排维护工作。

问题78：如何做好物业设备的更新改造?

任何设备都有使用年限，都会随着使用时间的延长逐渐老化，因此物业经理要适时地对相关设备进行更新改造。

物业经理在进行设备的更新与改造决策时，不能单纯考虑设备的某一种寿命，还要考虑设备的其他形式的寿命。在从事设备的更新改造过程中，必须注意以下三个问题。

（1）确定设备合理的使用年限，应注意把设备的物质寿命、技术寿命和经济寿命结合起来综合考虑，从社会的、经济的和环境的效益角度，选择更新与改造的合理时机。

（2）在做好设备的维护保养、修理工作的同时，应注意适时进行设备的技术改造，延长物业设备的使用寿命。

（3）确定设备的最佳更新时期，应首先考虑设备的经济寿命年限，这也是国际上普遍认同的做法。因为，设备的经济寿命周期实质上同物质寿命、技术寿命密切相关。从理论上讲，设备的经济寿命的确定，通常以设备的物质寿命周期为基础，通过确定一个设备维修费用的经济界限来确定。设备更新改造的类型，如表5-6所示。

表5-6　设备更新改造类型

序号	类型	内容
1	设备的改造	指为满足使用功能的要求或改进技术的要求，对设备装置所进行的更新或改造，如对设备的容量、功率、形状、体积所进行的改进工作，或应用最新科技成果改进现有设备的技术状况和技术水平所进行的工作，如对大楼的电气系统，运用数字程控交换机为核心的电话语音通信、传真机等手段建立通信网络
2	设备的原型更新	指同型设备的以旧换新。设备原型更新往往操作方便，便于维修，管理人员又掌握其性能及运行管理
3	设备的技术更新	指以技术更先进、经济上更合理的新设备，替换物质上无法继续使用、经济上不宜继续使用的陈旧设备，它是实现物业设备现代化、合理化的物质技术基础

第三周　业主装修管理

房屋装修管理是物业管理的重要内容之一。业主在收房后，有权对其所购物业进行装修，但在装修前必须向物业公司提出申请并缴纳装修管理押金及保证金，经批准后方可动工。在工程的施工过程中，物业公司应派人进行现场监督与检查。工程完工后，物业经理应组织验收，合格后退还押金及保证金。

问题79：如何做好装修申请与审批管理？

业主凡欲进行室内装修改造的，应准备好相关资料，并及时向物业公司提出申请，填写"装修申请表"，报物业经理审批。业主及施工单位应在装修申请表上签字盖章。物业公司对业主的申请进行审批，并发放物业辖区房屋装修管理规定及有关资料。

1.装修申请

（1）业主材料准备。业主要开展装修工作，应先准备好相关资料。

——业主办理装修，装修单位需提供营业执照复印件（加盖公章）、承建资格证书复印件（加盖公章）；如代收装修税费的需提供业主与装修单位签订的装修合同复印件。非业主使用人申请装修需提供业主同意装修的书面证明。

——装修施工图纸和施工方案（如更改原有水电线路需提供水电线路图）。

——装修单位负责人身份证复印件、照片、联系电话。

——施工人员身份证复印件、照片。

——如需改变建筑物主体或承重结构、超过设计标准或规范增加楼面荷载的须提交建筑物原设计单位或具有相应资质的设计单位提出的设计方案，非住宅用途房屋还须提交政府部门的施工许可证。

——如搭建建筑物、改变住宅外力面等，须经城市规划行政主管部门批准后，报物业公司备案，并经业主大会或业主委员会同意，有物业公司统一样式方可搭建。

——只铺地板、墙壁表面粉刷、贴墙纸等的简单装修，装修户可不提供装修单位"承建资格证书"及施工图纸。

（2）提交申请表。业主应将装修材料明细连同装修申请表一起交给物业公司，如表5-7所示。

表5-7　房屋装修申请表

业主姓名		住址		联系电话	
施工单位		负责人		联系电话	
申请装修期限			年　月　日至　　年　月　日		
装修项目（附装修方案）：					
装修保证	本装修人和施工单位保证遵守装修管理规定和有关规定，保证按照装修方案完成装修，如有违约，愿意接受物业公司的处罚				
业主签字（章） 　　　　年　月　日		施工单位签字（章） 　　　　年　月　日		物业公司签字（章） 　　　　年　月　日	
备注					

2.装修审批

物业公司在收到业主的装修方案后一周内予以答复，对不符合规范或资料不全的，要求业主进行修改，并重新提交审批。

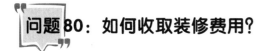

问题80：如何收取装修费用？

1.装修押金

对于是否应该收取装修押金，应按照购房人在买房时与开发商双方的约定为准，即按《房屋使用、管理维修公约》中的规定执行。

因为实际工作中，确实有不少的装修工人在进行装修时，不考虑他人生活的方便、安全，也不顾及对建筑物、设施设备的保护，野蛮施工，随意抛掷垃圾，在不恰当的时间、地点进行施工等，引起了其他业主的极大不满。若收取了押金，物业管理人员如果发现在装修过程中出现损坏物业、破坏物业设施设备，或给其他人造成生命、健康、财产方面的损失等情形时，可从这笔押金中支付。如果装修过程一切平安，没有出现上述情形，则可将收取的押金奉还。

2.装修管理费

在业主（用户）装修过程中，物业公司要配合提供一些原始工程资料，上下协调各方面的关系（比如协调业主之间因装修干扰带来的纠纷；协调消防局、设计院等），又要对装修工人、装修材料、装修行为进行管理、监督，如纠正违章、进行电梯维护等，而这些工作会有人力、物力开支。也就是说，在装修管理中，物业公司不仅要投入大量人力、物力，而且更重要的是有一种无形的安全责任，所以可按公司规定酌情收取管理费，并应向业主（用户）解释清楚。

当然，装修管理费是实际发生的管理而收取的费用，如果物业公司事实上没有参与对装修进行管理，或者业主没有装修，就不应该收取该费用。

问题81：如何监督装修过程？

业主领取装修许可证即可办理施工人员出入证、材料运进等，装修工程便可开始。

为了确保装修的顺利进行，确保业主（用户）的生命、财产安全，物业公司须安排人员加强巡视，加强对装修现场的监管，在定期巡查中纠正和阻止违规装修。

1.采取措施有效防止干扰

装修期间，对左右隔壁、上下楼层业主（用户）的工作和休息会产生影响，如果物业公司不采取有效措施，肯定会招致装修单元相邻业主（用户）的投诉和不满。为避免室内装修对邻居的干扰，应采取以下管理办法。

（1）装修前发通知给同一楼层及上下楼层业主（用户），让他们有思想准备和采取一些预防措施，并敬请谅解。

（2）在业主（用户）提交装修申请时，提醒业主（用户）聘请信誉好、实力强、人员精的装修公司，并尽量缩短工期。

（3）对业主（用户）和装修公司进行必要的培训，解释装修程序和有关管理规定，避免他们因事先不知而产生影响他人工作或休息的装修工程。

（4）将《业主（用户）室内装修注意事项》贴在装修单元的大门上，提醒装修人员文明施工。

（5）对住宅楼，严禁在夜晚、周末等时间装修；对商业大厦，白天上班时间只允许一些不产生噪声及油漆味的装修，将发出较大噪声如电锯声等工序安排在非办公时间进行，并严禁装修时开启空调。

（6）施工人员必须办理施工证或出入证方可进场施工，施工人员不得从事与施工无关的各种活动。

（7）加强对装修单元的监管，及时听取邻居意见，对违规施工人员视其情节轻重分别给予口头或书面警告、停止装修、暂扣装修工具、责令赔偿损失等处罚。

2.装修现场定期巡查

物业经理应要求业主（用户）将《业主（用户）室内装修批准书》和《用户室内装修注意事项》张贴于门上，便于物业管理人员检核和提醒装修人员安全施工，同时物业经理和物业公司其他管理人员须按规定对装修现场进行巡查。在进入新现场前仔细查看图纸及审批文件，做到心中有数。进入装修现场后，应按审批内容逐项检查，其具体内容如表5-8所示，现场巡视记录如表5-9所示。

表5-8 装修现场定期巡查内容

序号	项目	要求
1	隔墙材料	用防水材料或空心砖、轻体墙等（木器必须按规范涂上市消防局认可的防火漆）
2	天花材料	用防水材料或做防火处理
3	电气线路改动	需套PVC管，配电箱内空气开关型号、位置是否正确，出线线径是否合理等
4	地面	检查该业主有否在允许范围内对地面进行改动，如洗手间、厨房等地面改动，必须按规范做好地面防水处理，并通知物业公司有关人员进行检查
5	墙面	墙面以涂料为主，如贴墙纸则必须是阻燃墙纸
6	给排水管道	给排水管道如有改动，需检查其是否照图施工，材料质量是否符合国家标准，接口部分是否漏水，有否损坏主管及原有管道

续表

序号	项目	要求
7	空调安装	检查主机是否在指定位置安装，地脚螺栓需加装防震垫片，空调排水不能直接排至户外，需利用厨房、洗手间或阳台地漏进行排水，主机如需挂墙或搭架安装，需用不锈钢材料
8	大门（进户门）	如更换大门，需提供乙级防火门证明，否则不准更换
9	防盗门	必须选择物业公司指定的款式，不接受其他款式，防盗门不能超出门框范围而凸出走廊上
10	窗户防盗网（栏）	新加防盗网必须在窗户内
11	外露平台	外露平台如有装修，需查明是否得到物业公司的批准

表5-9　装修现场巡视记录

装修地点：

序号	检查时间	正常；装修违规处理单号；小问题	巡查人	备注
隐蔽工程验收结果	卫生间是否已做防水			
	暗藏水管是否做过打压			
	暗藏电线是否穿管			

注：1.每个装修单位每周至少巡查三次。

2.巡查以物业公司制定的"装修手册"为依据。

3.对于发现的小问题须在备注栏内注明处理结果。

3.装修违规处理

在巡查中发现任何违章工程必须尽快记录下来或拍照存档（如有需要），及时汇报上级后再作进一步行动。

（1）用户违规装修的表现形式。用户违规装修一般有如图5-5所示的表现形式。

（2）为了保证物业公司及住户人身财产安全，加强对住户室内装修的管理，对住户的违规装修视情节轻重可采取如图5-6所示的措施。

（3）发出违章通知并将处理结果记录下来。对于重大的违规应向装修公司发出违章通知，并通知业主（用户），要求其及时进行整改，并将违规事项及处理情况都记录下来。

• 擅自开工 • 乱拉电线、超负荷用电 • 随意改变窗台、窗框、玻璃等的颜色、格调 • 随意拆改墙体 • 在承重墙、梁、柱上打孔、削薄、挖 • 私自增加线路负荷 • 随意改动上下水管、电线（开关盒） • 私自开凿楼面层 • 擅自占用公共通道、天台、屋面 • 擅自在室外加装灯 • 擅自移动消防设施 • 使用消防违禁用品	• 擅自动火作业 • 铺装过重的地板材料 • 随意丢弃装修垃圾，利用公共部位、场地加工装修材料 • 随意向窗外抛扔物品 • 随意使用电梯运送装修材料（散装料和超长重料） • 冲洗地面时将水冲进电梯，破坏电梯装饰 • 不按规定要求、时间施工 • 夜间在大厦中留宿 • 不按规定配置灭火器 • 在装修施工现场，施工人员吸烟等

图5-5 用户违规装修的表现形式

图5-6 视违规装修情节轻重可采取的措施

问题82：如何进行装修验收？

装修工程完工后，业主应书面通知物业公司验收。客户服务中心检查装修工程是否符合装修方案的要求、施工中有没有违反装修守则、费用是否缴足等。如无问题，即予验收通过，退还装修保证金。

1. 装修验收的分类

装修验收可分为表5-10所示的类别。

2. 装修验收的要求

（1）对用户从事装修时有违章行为，没得到整改或纠正前，不能进行验收。

（2）对初验中存在的问题必须得到彻底的整改，如在正式验收中发现仍不合格者，将不进行验收并处以相应的处罚。

表 5-10　装修验收的类别

序号	类别	具体说明
1	初验	当装修户所有装修工程施工完毕后，即可申请初验
2	正式验收	初验时提出问题得到整改后，用户提前一周时间通知客户服务中心，在通知的第二周内安排进行正式验收
3	特殊情况	若装修量小、项目简单，并且不涉及改造的，由物业公司认可，初验和正式验收一次进行

（3）用户和装修单位申请正式验收后，物业公司应收回"装修出入证"存档；对遗失证件的扣除"装修出入证"押金。

3.装修验收的程序

装修验收的程序，如图5-7所示。

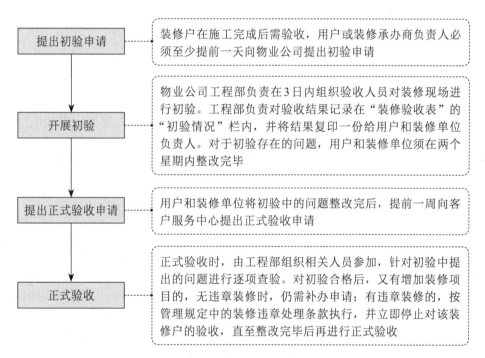

图 5-7　装修验收的程序

4.验收后事务处理

验收合格后应处理好以下事务。

（1）物业公司负责收回各类施工人员的"装修出入证"，对遗失证件的扣除证件押金。

（2）在如表5-11所示的"装修验收表"的"正式验收情况"栏内登记验收情况。工程部在"装修申请表"内"完工验收"栏目签署"验收合格"，及姓名和日期，并在其装修押金的收据上签署装修验收合格证明。

表 5-11　装修验收表

装修地点		建筑面积（平方米）	
装修负责人		联系电话	
装修单位			
初验情况	装修主管：_____　　　时间：_____		
整改情况	验证人：_____　　　时间：_____		
正式验收情况	装修主管：_____　　　时间：_____		
施工用电量	使用前读数：_____度	使用后读数：_____度	
	倍率：_____	总用电量：_____度	
装修出入证	办证数量：_____个	退证数量：_____个	
备注			

（3）装修单位在正式验收合格的当日进行清场。

（4）三个月内没有出现结构和安全问题，用户和装修单位凭已签署验收合格意见的收据，到物业公司财务部办理装修施工单位的"装修押金""水、电押金"的退款手续。

第四周　保洁与绿化管理

问题83：保洁与绿化管理包括哪些方面？

1.保洁管理内容

物业的保洁管理，是指物业公司通过宣传教育、监督治理和日常清洁工作，采取清、扫、擦、拭、抹等专业性操作，定时、定点、定人对管理区域进行生活垃圾的分类收集、处理和清运，从而保护区域环境，以期达到辖区所有公共地方、公用部位清洁卫生、文明有序的目的。

（1）保洁管理的重点。保洁管理的重心，是防治"脏、乱、差"。"脏、乱、差"具有多发性、传染性和顽固性，所以对此不能掉以轻心。随手乱扔各种垃圾、楼上抛物、乱堆物品堵塞公共走道、随意排放污水废气、随地吐痰和大小便，以及乱涂、乱画、乱搭、乱建、乱张贴等都容易导致"脏、乱、差"，并且又都很可能发生在某些业主（用户）身上。因此，业主（用户）整体素质的提高，也是保洁管理工作中的一项重要内容，这需要物业公司的宣传教育和监督管理。如果各方面不齐心协力，工作不到位，"脏、乱、差"就会使物业区域面目全非，从而与物业管理的宗旨相悖。

（2）保洁管理的范围。保洁管理的范围包括公共地方、共用部位的保洁及生活垃圾的处理，如表5-12所示。

表5-12　保洁管理的范围

序号	管理范围	具体说明
1	公共地方的保洁	指物业区域内，对楼宇前后左右的公共地方，包括道路、广场、空地、绿地等的清扫保洁
2	共用部位的保洁	指对楼宇底层到顶层屋面上下空间的共用部位，包括楼梯、走道、电梯间、大厅、平台等的清扫保洁
3	生活垃圾的处理	指日常生活垃圾（包括装修垃圾）的分类收集、处理和清运，包括要求和督促业主（用户）按规定的地点、时间和要求，将日常垃圾倒入专用容器或者指定的垃圾收集点，不得擅自乱倒

2.绿化管理内容

物业绿化管理主要是指在物业管理区域内进行的各种环境绿化活动,是物业经理日常管理工作的重要内容。物业日常绿化管理的主要内容,如表5-13所示。

表5-13 物业日常绿化管理的主要内容

序号	管理项目	具体内容
1	除杂草、松土、培土	除杂草、松土、培土是养护工作的重要组成部分。经常除杂草,可防止杂草与草坪在生长过程中争水、争肥、争空间而影响草坪的正常生长。对于草坪土壤板结和人为践踏严重地带,要注意打孔透气,必要时还必须用沙壤土混合有机肥料铺施,以保障生长整齐划一、青绿度高、弹性好、整齐美观。对绿地的花坛、绿篱、垂直绿化、单植灌木和乔木要按要求进行松土和培土
2	排灌、施肥	在对草坪、乔木、灌木进行排灌、施肥时,应按植物种类、生产期、生产季节、天气情况等的不同进行,保证水、肥充足适宜
3	补植	对于被破坏的草地和乔木、灌木要及时进行补植,要及时清除灌木和花卉的死苗,乔木发现死树时,也要进行及时清理,从而做到乔木、灌木无缺株、死株,绿篱无断层
4	修剪、造型	根据植物的生长特性和长势,应适时对其进行修剪和造型,以增强绿化、美化的效果
5	病虫害防治	病虫害对花、草、树木的危害很大,轻者影响景观,重者导致花、草、树木的死亡,因此做好病虫害的防治工作是很重要的。病虫害的防治工作应以预防为主,精心管养,使植物增强抗病虫的能力,同时要经常检查,早发现、早处理,在防治时可采取综合防治、化学防治、物理人工防治和生物防治等方法
6	绿地及设施的维护	绿地维护应做到绿地完善,花、草、树木不受破坏,绿地不被侵占,绿地版图完整,无乱摆乱卖、乱停乱放的现象 绿地各种设施如有损坏,要及时修补或更换,以保证设施的完整美观。保护好绿地围栏等绿化设施;保护绿化供水设施,防止绿化用水被盗用;对护树的竹竿、绑带要及时加固,使其达到护树目的;生长季节,随着树木生长,及时松掉绑在树干上的带子,以防嵌入树体,从而影响树木生长,同时要注意不能用铁丝直接绑在树干上,中间要垫上胶皮
7	水池和园路的管理	水池的管理要做到保持水面及水池内外清洁,水质良好,水量适度,节约用水;池体美观,不漏水,设施完好无损,同时要及时清除杂物,定时杀灭蚊子幼虫,定时清洗水池;控制好水的深度,管好水闸开关,不浪费水;及时修复受损的水池及设施;绿地路面应保持清洁、美观、完好无损,要及时清除路面垃圾杂物,修补破损并保持完好;绿地环境卫生要做到绿地清洁,无垃圾杂物、无石砾石块、无干枯树枝、无粪便暴露、无鼠洞和蚊蝇滋生地等
8	防旱、防冻	在旱季,根据天气预报和绿地实际情况,检查花、草、树木的生长情况,做好防旱、抗旱的组织和实施工作,预测出花、草、树木的缺水时限并进行有效的抗旱;在进行防冻工作时,必须按植物生长规律采取有效的措施,从而保持花、草、树木的良好生长

续表

序号	管理项目	具体内容
9	防台风、抗台风	在物业绿化的日常管理中，要时刻树立和加强防台风、抗台风的意识，及时做好防台风、抗台风的准备工作。在台风来袭前要加强管理，合理修剪，做好护树和其他设施的加固工作，派专人进行检查，并成立抗风抢险小组。在接到八级以上台风通知时，主要管理人员要轮流值班，通信设备要24小时开通，人力、机械设备及材料等应随时待命。台风吹袭期间，发现树木等设施危及人身安全和影响交通的，要立即予以清理，疏通道路，及时排涝。台风后要及时进行扶树工作，补好残缺，清除断枝落叶和垃圾，保证在两天内恢复原状
10	搞好配套工作	如在节假日，应按要求配合做好节日的摆花工作，同时增加人员搞好节日的保洁和管理工作；草坪、花灌木等各种苗木按其生长习性，应提前得到修剪，保证节日期间更美化的效果

问题84：如何制定保洁与绿化管理制度？

标准是衡量工作内容的准则，也是评价工作的尺度。物业经理要对保洁、绿化质量进行检查，则必须制定相应的标准。

1.标准的制定

（1）保洁管理质量标准。物业经理在制定保洁质量标准时可参照物业区域环境保洁的通用标准——"五无"，即无裸露垃圾、无垃圾死角、无明显积尘积垢、无蚊蝇虫滋生地、无"脏、乱、差"顽疾。

下面提供一份某物业公司制定的保洁质量管理标准的范本，仅供参考。

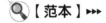 【范本】▶▶▶ -

保洁质量管理标准

一、楼内部分

清洁项目		日常工作及周期工作内容			清洁标准
		每天	每周	每月	
公共地面	大理石	每天配合清洁剂湿拖1次，并随时保洁	清洗1次		无灰尘、无污渍
	水磨石	每天配合清洁剂湿拖1次，并随时保洁	清洗1次		无灰尘、无污渍
	木地板	每天配合清洁剂推尘1次，并随时保洁	清洁1次		无灰尘、无污渍

续表

清洁项目		日常工作及周期工作内容			清洁标准
		每天	每周	每月	
3米以下墙壁	大理石	每天配合清洁剂擦抹1次，并随时保洁			无灰尘、无污渍
	柱面	每天配合清洁剂擦抹1次，并随时保洁			无灰尘、无污渍
	涂料	局部灰尘、污渍随时处理			无灰尘、无污渍
	玻璃	每天配合玻璃清洁剂清洁1次，随时保洁			无灰尘、无污渍、无痕印
消防楼梯		每天配合清洁剂湿拖1次，并随时保洁	清洁1次		无灰尘、无污渍
楼梯扶手		每天配合清洁剂擦抹1次，并随时保洁	上不锈钢油	全面清洁	无灰尘、无污渍
消防设施及其他设施		擦洗1次，随时保洁	全面清洁		无灰尘、无污渍
天台及相关设施			全面清洁		无垃圾、无灰尘、无污渍
公共门窗	门、门框	每天配合清洁剂擦抹1次，并随时保洁	全面清洁		无灰尘、无污渍、无痕印、无手印
	窗体、窗台	每天配合清洁剂擦抹1次，并随时保洁	全面清洁		无灰尘、无污渍、无痕印、无手印
	门窗玻璃	每天配合玻璃清洁剂清洁1次，随时保洁	全面清洁		
公共洗手间	地面	拖扫数次，随时保洁	全面清洁		无灰尘、无污渍、无痕印、无手印、无垃圾、无异味，保持清洁干净
	玻璃镜面	清洗数次，随时保洁	全面清洁		
	洁具、洗手盆	清洗数次，随时保洁	全面清洁		
	墙面、门框	擦洗1次，随时保洁	全面清洁		
	垃圾桶	即时清倒垃圾，保洁	清洗消毒		
植物、花盆		每天洒水1次、并随时清洁花盆			保持植物干净茂盛
不锈钢指示牌		每天配合不锈钢保养剂擦抹1次			无灰尘、无污渍
信报箱、不锈钢设施		每天用不锈钢保养剂清洁1次，随时保洁	全面清洁1次	上不锈钢油	无灰尘、无污渍、无痕印、无手印
垃圾桶、垃圾箱		更换垃圾袋1次；及时整理清抹箱盖、箱身	全面清洁1次		无溢出垃圾、无异味

二、楼外部分

清洁项目		日常工作及周期工作内容			清洁标准
		每天	每周	每月	
外围部分	地面	每天清扫1次，随时巡查保洁		全面清洗1次	无垃圾、无污渍
	指示牌	每天配合清洁剂擦抹1次，随时保洁	全面清洗1次		无灰尘、无污渍
	射灯、路灯	每天配合清洁剂擦抹1次，随时保洁	全面清洗1次		无灰尘、无污渍
	标志牌		配合清洁剂擦抹1次		无灰尘、无污渍
	旗杆	1米以下擦抹2次	配合清洁剂擦抹1次		无灰尘、无污渍
	旗帜			清洁1次	无污渍、无痕印
	水沟、管道	清洁1次			无垃圾、无污渍
	楼房2米以下墙面	局部污渍随时清洁			无明显污渍
	玻璃	每天配合用玻璃清洁剂清洁1次			无灰尘、无污渍、无痕印、无手印
	消防设施及其他设施	每天清洁1次	全面清洁1次		无灰尘、无污渍、无痕印
	垃圾桶、垃圾箱	更换垃圾袋1次；及时整理清抹箱盖、箱身	全面清洁1次		无溢出垃圾、无异味
	绿化带	清洁、洒水1次	施肥1次		绿化带内无纸屑、杂物；植物干净、茂盛
	垃圾清运	垃圾日产日清，垃圾站每天清洗1次		全面消杀2次	无溢出垃圾、无异味

（2）绿化质量标准。物业区域绿化质量的标准可以参照《城市园林绿化养护管理标准》来制定。

下面提供一份某物业公司制定的绿化质量管理标准的范本，仅供参考。

🔍 【范本】▶▶▶

绿化质量管理标准

对象	编号	作业项目	养护标准
乔木、灌木（自然冠幅）	1	长势	枝条健壮，叶色翠绿，树冠匀整，无明显生长不良和弱小枝
	2	病虫害	无明显病虫危害现象，整株有明显病状枝叶不超过2%
	3	突长枝	无明显与树冠不协调的突长枝

续表

对象	编号	作业项目	养护标准
乔木、灌木（自然冠幅）	4	树冠	骨干枝分布均匀、清晰不杂乱，主枝上无弱小枝
	5	扶树板及扶树桩	绑扎稳固不歪斜，无断折现象，无影响树体生长现象
	6	树坑种植	无黄土裸露，树坑形状规整，植物长势良好，无生长杂乱现象
	7	枯枝叶清理	无明显弱小、病、枯枝叶，叶片40%发黄须及时清理
	8	修剪作业	剪口平整，残桩一般不超过2厘米，做好必要的防护措施
	9	特殊天气处理	防护到位，倒、折树木及枝条清理及时，对人、物无伤害
	10	整体要求	区域长势一致，观赏效果一致
造型植物	1	长势	冠幅匀整丰满，色泽鲜艳
	2	病虫害控制	消杀及时，表面无病虫害现象，内部病虫害不超过2%
	3	形状控制	面平线直，边缘平滑，重心平稳、协调，无需特别支撑
	4	突长枝控制	新生枝不超过10厘米，勒杜鹃造型新生枝不超过30厘米
	5	树坑	形状、大小合适，清晰，与植物造型协调
	6	整体要求	形状均衡，协调，生长良好，区域观赏效果一致
花坛	1	长势	植株生长健壮，叶色鲜艳，无秃裸部位
	2	病虫害	局部无明显病虫危害现象，整体病状枝叶不超过2%
	3	枯枝、叶、花清理	无枯黄枝、叶，残花量不超过开花量的5%
	4	杂草控制	目视无明显杂草
	5	花坛边缘	花坛边缘平滑清晰，与花坛形状保持一致
	6	整体要求	长势均衡，疏密一致
攀缘植物	1	长势	长势健壮，枝繁叶茂，叶色鲜艳
	2	病虫害控制	局部无明显病虫害，整体病状枝叶不超过2%
	3	边缘	边缘交界处整齐、平滑、清晰，与其他植物无交错
	4	枯枝叶清理	无明显枯枝叶，10平方米不超过2片（季节性变化除外）
草坪	1	长势	草叶健康、密实，保持良好色泽，冬季枯黄度不大于20%，无明显病、枯斑，局部斑块直径不大于10厘米
	2	病虫害	无明显病虫害现象，无10厘米以上病枯斑块
	3	高度控制	草坪高度整体不超过6厘米，无明显局部过长现象
	4	草边处理	边缘交界处清晰平滑，界线明显，无过长现象
	5	杂草	没有高于15厘米或蔓延超过10厘米杂草，每平方米杂草小于5株；无明显阔叶杂草；无开花杂草
其他	1	秃裸控制	园区绿地无秃裸部位
	2	工作标志	做好作业现场的必要标示、警示和防护工作
	3	现场清理	作业后及时做好清理工作，并将作业垃圾清运至垃圾中转站
	4	工作形象	精神饱满，举止有度，无衣着不整、散漫等不良现象
	5	服务意识	主动、热情，积极配合园区各项管理工作
	6	其他	无与园区形象不相符的行为

2.标准的实施

为使服务质量标准切实可行，标准的制定必须具体、可操作，最好是将检验方法和清洁绿化频率等都确定下来。物业经理应将质量标准公布出来，并写明作业员工的姓名，让业主监督，以增强员工的责任心。

问题85：如何开展保洁与绿化质量检查？

检查是保洁、绿化质量控制的一种常用方法，也是很有效的方法。物业经理不仅自己要检查保洁与绿化工作，同时也要要求公司主管和员工做好检查工作。

1.建立质量检查四级制

质量检查四级制如图5-8所示。

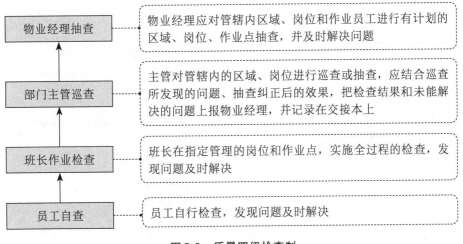

图5-8　质量四级检查制

2.质量检查的要求

质量检查要求如表5-14所示。

表5-14　质量检查的要求

序号	要求	内容
1	检查与教育、培训相结合	物业经理对检查过程中发现的问题，不仅要求及时纠正，还要帮助员工分析原因，对员工进行教育、培训，以防类似问题的再次发生
2	检查与奖励相结合	在检查过程中，将检查的记录作为对员工工作表现等的考核依据，并依据有关奖惩和人事政策，对员工进行奖惩及做好有关人事问题的处理

续表

序号	要求	内容
3	检查与测定、考核相结合	通过检查，测定不同岗位的工作量、物料损耗情况，考核员工在不同时间的作业情况，更合理地利用人力、物力，从而达到提高效率、控制成本的目的
4	检查与改进、提高相结合	通过检查，对所发现的问题进行分析，找出原因，采取措施，从而改进服务素质，提高工作质量

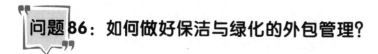

问题86：如何做好保洁与绿化的外包管理？

由于保洁、绿化工作的专业性较强，许多物业公司都选择将这两项工作进行外包，因而，物业经理要把保洁绿化管理的重点放在承包商的选择和外包服务的监控上。

1.选择承包商

物业经理选择专业承包商时，应考察其是否具备承担该项业务（清洁、垃圾清运、绿化、消杀等）的资质；有没有能力履行承包合同的义务与责任；有没有能力承担违约责任；社会信誉是否好；服务价格是否合理。

物业经理要注意多考察几家承包商，将他们的评审表进行比较，尤其是外包费用要仔细比较，以选择合适的承包商。

2.签订承包合同

通过评审与比较，物业经理在选定绿化服务承包商后，经双方协商可以签订承包合同。合同内容应包括甲方（发包方）单位名、乙方（承包方）单位名、管理面积、单位面积管理费用、总费用、付款方式与时间、双方责任与义务、管理质量标准、违约或管理不达标处理方法等。

3.承包商管理

对于承包商的服务，物业经理应设置专门的物业管理人员加以管理，以期使物业小区达到质量标准，具体的管理措施如下。

（1）物业经理应要求承包商制订具体的工作计划，包括岗位设置及职责、服务标准、技术要求、垃圾清运时间、责任和义务等，并在合同中约定，从而作为监督检查的依据。

（2）应根据实际情况制定一些工作制度、规定，如《清洁工作检查规程》《消杀管理办法》等，并监督承包商实施。

（3）承包商根据要求、工作计划、合同，安排员工进行具体清洁、消杀、垃圾清运工作，并且物业公司依据上述文件每天进行监督检查。

（4）日常工作中，物业公司要规定清洁工（绿化工）的工作标准，要求他们遵守物业的有关管理规定；应以合约形式约定双方的行为规范，并附带经济责任。

4.监督检查

物业管理人员每天要对所辖物业区域的日常清洁、消杀、垃圾清运、绿化工作进行监督检查。承包商主管及物业管理人员依据质量标准进行自查和巡查工作，物业管理人员要将检查结果登记在相关表格中。物业管理人员发现清洁工作不合格时，要立即通知清洁公司主管责令责任人（清洁员）予以返工，垃圾清运工作不合格，则要上报主管联系垃圾清运公司负责整改，直至合格为止。

第六个月

社区事务与质量管理

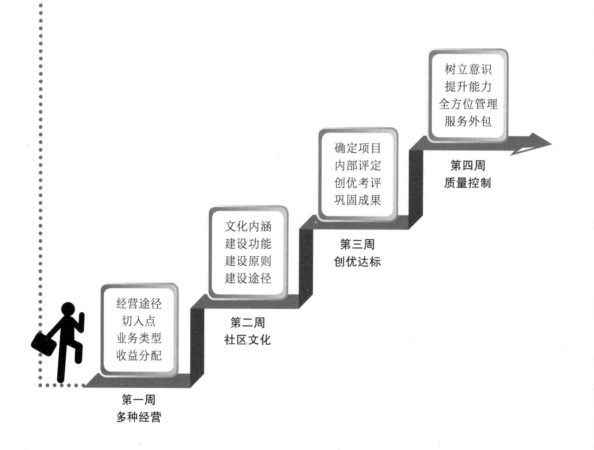

经营途径
切入点
业务类型
收益分配

第一周
多种经营

文化内涵
建设功能
建设原则
建设途径

第二周
社区文化

确定项目
内部评定
创优考评
巩固成果

第三周
创优达标

树立意识
提升能力
全方位管理
服务外包

第四周
质量控制

第一周　物业经营活动管理

物业经营活动是指物业公司在正常工作之外，开展的一些收益性工作，如租赁业务、广告业务、洗车业务等。通过这些活动，既可以为物业辖区内业主（用户）提供方便，又可以为物业公司增加收入。因此，物业经理要做好各项经营活动，以便为公司带来更多收入。

问题87：多种经营的运作方式有哪些？

物业公司多种经营的运作其实有很多途径，方式不尽相同，可能会根据不同的企业、不同的服务项目、不同的规模而有相应的差别，但总体来说其发展的方向基本是一致的。

1.整合利用各类资源

从经营原理的角度看，经营的目的是盈利，盈利的手段是整合利用各类资源。物业公司要实现多种经营方式，可以从自身现有的两种资源着手，具体如图6-1所示。

利用所服务楼宇及业主（用户）资源，获取附加利润

资源

整合自身技术、技能资源，通过产业化发展获取利润

图6-1　整合现有资源实现多种经营

（1）整合自身技术、技能资源，通过产业化发展获取利润。为了避免物业公司利润的外溢和流失，有实力、有条件的物业公司可以成立电梯维保机构、清洁服务机构、绿化服务机构、机电管理机构等专业服务机构。这些专业服务机构一方面承包自己公司的服务外包业务，另一方面，合法参与专业市场竞争，外拓专业服务市场，为企业获得更多利润。不少早期大型物业公司都采取了这种盈利模式。

同样，物业公司可以利用自身的资源优势，向房地产产业链条的上游和下游延伸业务，从而达到整合经营、获取利润的目的。

比如，许多物业公司在地产策划代理、物业租赁销售，甚至土地测量、地价评估、地产开发、园林施工、建筑监理等产业链条环节都有所作为。

（2）利用所服务楼宇及业主（用户）资源，获取附加利润。物业公司由于服务于物业项目而具有独特的社区经营资源，其多种经营便可以利用这些资源，开展多种社区经营活动，为企业获取附加利润。

比如，很多物业公司引入家电维修机构、家政服务机构、垃圾回收机构等社会服务机构，以管理处为中心，在这个社区平台上，从这些服务机构的整合和经营中获取利润。

又如，某物业公司，利用自己平时工作中所掌握的业主（用户）资料，开展了婚介和旅游"业务"。他们联合旅行社精心设计旅游行程，邀请部分业主（用户）参加，在这个过程中成全了一些有缘之人，也服务了业主（用户）、获取了利润。

2.采取不同的经营方式

针对不同业态形式的物业来讲，业主（用户）的需求以及所拥有的资源也不尽相同，所以，对于不同种类的物业，物业公司可以选择不同的方式进行经营，具体如图6-2所示。

 对酒店和写字楼，除了开展优质的物业服务，亦可从事与物业管理本身没有直接关联的其他产业的经营，如餐饮经营、超市经营、置业投资等

 物业本身也需要一些诸如电话会议、视频会议、商务活动策划等专业化商务服务，这无疑也是物业公司可以开拓的利润点，这也符合物业公司的产业化发展趋势，同时还可以促进物业公司与国际接轨的进程

 在进行商业物业的管理和服务中，物业公司还可以为饮食区、娱乐区、超级市场、商店等配套设施提供一些委托、代办服务，以获取利润

图6-2 可采取的经营方式

特别提示

产业化的经营，对企业提出了更高的要求，唯有提高自身的专业科技水平，改善服务态度，才能获利，同时得到业主（用户）的肯定，实现名利双收。

3.形成有特色的经营体系

开发多种经营一定要结合自身的实际情况，着眼于所管理小区内的业主（用户）构成、所处的商业环境等因素，制定符合自身条件的方案，并积极落实每一个细节，形成具有自身特色的多种经营体系。

（1）饮食方面。现如今，有很多上班族由于白天忙于工作，晚上回到家便没有更多精力去做饭，对此，物业公司可以推出食堂性质的餐厅，以满足没时间或不会做饭人群的需求，还应推出一些特色饮食，以保证餐厅的新鲜感。餐厅还可以推出送餐上门等服务，以满足不同业主（用户）的需求。

另外，物业还可开办小超市、小菜市场等以满足业主（用户）生活所需。

（2）日常休闲方面。物业公司可以开办健身房、活动室等，以满足小区内不同年龄段业主（用户）对于锻炼身体的需求，并且健身房、活动室中还可以请专门的教练进行有偿服务，以增加物业公司的收入。

（3）日常生活服务方面。物业公司可以开展美容美发、洗车、房屋代管、快递代收、服装店，干洗店等有偿服务。其中快递代收服务等可以少收甚至不收取服务费以回馈业主（用户），让业主（用户）感受到物业的温暖；美容美发等服务可以进行具有小区特色的经营，比如对老年人可以进行特约上门服务等；干洗店等服务可以设立在公共区域内，方便于业主（用户）。

（4）家政服务方面。家政服务可以有代请保姆、上门打扫卫生、看护小孩或病人等。在代请保姆和上门清扫服务方面，物业公司可以与劳务公司合作，由劳务公司向物业公司推荐优秀的劳务人员，再由物业公司把劳务人员介绍给业主（用户）。由于有长久的合作关系，业主（用户）可以放心地雇佣劳务人员，同时物业公司也可以适当地收取一定的费用。

特别提示

在看护小孩、病人等服务中，相关物业人员一定要做到细心和耐心，要服务到位，并且不能放过任何一个可能发生意外的细节。

（5）教育方面。在教育方面，物业公司可以开办幼儿园、课后辅导班等机构，并且尽力提升这些机构的教学质量和安全程度，使业主（用户）可以放心地将孩子放在这里。

（6）房产方面。物业公司可以充当中介机构，可以开展代理买卖房产、租赁房产等服务。在代理买卖房产、租赁房产的过程中，一定要注意操作流程的合法性，物业公司最好聘请专业人员来进行此类服务活动，还可以利用物业施工队的空余时间接一些简单的房屋改造工作，但前提是不能影响正常的工作。

特别提示

在项目的选择和组合上，物业公司需根据自身管理物业的特点和需求考虑，并且要遵循方便住户、用户满意、优质高效、企业盈利的原则。

问题88：从哪切入多种经营？

物业公司要想在日常管理和服务工作中将物业经营创收目标落到实处，以努力获取社会效益、经济效益最大化，可从图6-3所示的四点切入。

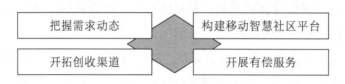

图6-3　多种经营的切入点

1.把握需求动态

随着人们生活水平的提高，收入的增多及房改政策实施后，多次置业的人数不断增加，人们不再满足于一生只买一套房，购买房产的目的也不仅限于解决居所问题。现在，在投资理财的选择上，人们更将房产当作一条理财渠道，因而就十分关注房产（物业）保值、增值、租赁和流通等收益问题，这样更加突出了物业管理的重要性，同时也彰显出业主对房屋租赁、转让及价格、信息需求动态。

现在人们大都追求高品位的生活，需要多层次的相关服务，对特约服务的需求也呈迅速上升的趋势，这也为物业公司的经营创收提供了更广阔空间。

比如，传统的家政、社区服务，贴心服务、护理服务等，而像会所经营管理、智能化信息服务等新兴的内容也成为物业经营创收的新渠道。

2.开拓创收渠道

要想经营创收，就必须从多方开拓渠道，物业公司可从图6-4所示的三个方面入手。

图6-4　开拓创收渠道

（1）成立专业化的队伍。物业管理发展的趋势之一就是专业化分工越来越细，一些物业公司为了降低成本，提高效率和竞争力，将一些专业工作打包对外委托服务。

比如，清洁卫生、盆栽植物的养护和更换、玻璃幕墙的清洗、电梯维保、各类设备的专业维护等。物业公司可以根据自身的管理特长和资源优势，成立专业化的队伍，承接其他物业管理或其他行业（如酒店、医院、学校、政府机关及餐饮业等）的相关业务，这条经营创收渠道的前景可观。

（2）适应行业新需求。随着物业管理行业发展，对相关产业也提出了新需求，这种需求分别表现在硬件和软件两个方面，具体如图6-5所示。

 在硬件上表现为物业管理用品、用具、材料、加工和供应等方面（如各类IC标牌标识的制作就有很大的需求）

 在软件上表现为对人员培训、人才交流、管理规范、操作程序的拟订等方面

图6-5　物业行业发展的新需求

特别提示

物业公司若开拓这类经营渠道，既能满足行业内的需求，同时在物业经营创收的探索中拓展出新的经济收入增长点。

（3）承接对口业务。随着城市绿化美化的程度越来越高，园林绿化的施工、养护的需求日益增多，物业公司可发挥自身的管理特长（具有相关专业的人力资源优势），组织专业队伍对外承接园林绿化施工、养护业务。

3.构建移动智慧社区平台

在传统物业里，物业管理费用的收入几乎会占到总收入的100%，但是，在接入了互联网服务平台的物业收入中主要依靠的将是社区增值服务，包括社区生活服务、商品采购、广告投放、社区商业链构建等，将收入从一元变为多元，其利润也会大大地增加。

4.开展有偿服务

这种有偿服务是物业创收经营的一个重要组成部分，是对物业管理主要经营的重要辅助。因为，物业公司具有得天独厚的环境优势，又存在巨大的市场需求，经营管理得当，社会效益与经济效益将十分可观。有偿服务包括但不限于以下方面。

（1）针对业主（用户）而提供的有偿服务，如家政服务、托儿服务、护理服务、相关特殊服务等。

（2）针对物业管理行业和有相关需求的专业化服务，如专业清洁服务和机电设备维保服务。

（3）房屋出租出让中介代理以及供求信息发布方面的服务，如代理业主所开展的房屋出租经营活动。

（4）为需要进行物业管理的企事业或房地产业提供专业咨询、策划和顾问服务。

（5）为同行业提供员工培训、操作规范的拟订等方面的有偿服务。

（6）对公共场地或场所开展经营活动。

（7）开办幼儿园、快餐店等活动。

（8）代业主（用户）养护家用观赏植物或盆景等园林绿化服务。

物业公司开展经营创收的成效，将密切关系到大多数物业公司与开发企业"断奶"后的生存、发展的成败，同时也将推动一大批物业公司走向"断奶"之路，促使物业管理行业积极跻身和参与于经济市场的拼搏中。

问题89：多种经营的业务类型有哪些？

基于物业管理行业本身的经营优势和特点，物业公司并不适宜开辟新的行业发展空间，务必依靠现在的资源优势，从所服务的业主（用户）群体的需求出发，从他们身上挖掘适合物业公司的利润增长点。具体可经营的业务类型如图6-6所示。

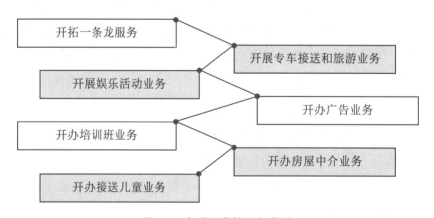

图6-6 多种经营的业务类型

1.开拓一条龙服务

说到物业服务中的增值服务，好多物业管理人所想到的往往是代订牛奶、代送报纸、代洗衣物等服务内容，其实这已经是多年前的传统服务项目了，这类服务与物业服务的主业服务一样已经变得十分透明，也已经失去了利润增长的空间。物业公司想要得到更高的回报，必须改变思维方式突破原有的条条框框，从服务的可操作性、系列化、便民化方面着手，只有省了业主（用户）的心、省了业主（用户）的时间、省了业主（用户）的麻烦，他们才会将业务放心地送到物业的手上。

比如，有些业主婚礼酒席难订、小区路难通、家中氛围不会摆布、外地亲友吃住难，或办丧事场地不够、噪声又易扰民等，但是，对于物业来说这些却是优势所在。物业一方面可以利用业主购房签约、办理入住、进行装修等环节，提前掌握业主婚庆的信息；另一方面，接下了业务甚至可以从新婚房屋的装修、卫生打扫到酒席、拱门、婚车接送、交通疏导指挥、亲友接送、住宿安排、邻里打招呼等做到一一俱全、面面俱到。

这类业务正常开展起来，远远比订个牛奶、送个报纸的利润空间要大得多，而且更容易获得业主（用户）的信任和支持，对于物业费收缴也会起到很大的促进作用。

2.开展专车接送和旅游业务

除了上述业务外，作为物业公司还可以从业主（用户）的交通、旅游、休闲等需求着眼，根据业主（用户）们的需要开展相应的业务。

比如，有些小区离市区较远，业主（用户）既要接送小孩上学又要自己上下班，肯定会出现时间差或无法顾及两头的情况，这类业务可以通过小区的大巴定时接送，解决业主（用户）困难的同时，又赚得了额外利润。

随着生活水平的提高，业主（用户）们对于旅游、休闲的需求也相对旺盛，在小区内开展这类业务一定也有前景，有时候业主（用户）们在乎的不是钱的多少，而是有组织、有娱乐性、有意义的活动来放松他们的心情，物业公司的组织无疑会拉近物业与业主（用户）的距离，而且同一小区业主（用户）之间也会增进共同的友谊。

3.开展娱乐活动业务

如今，许多业主（用户）因提前退休或其他原因在家休息，经常去茶馆、棋馆、牌馆等与朋友聊天、弈棋、打牌，以消磨时光。由于许多小区没有这些娱乐场所，业主（用户）只好到公园等地去消闲，既不方便又耽搁了时间。

比如，物业公司可利用小区空地、空房开展茶馆、棋馆、牌馆等业务，为业主（用户）尽可能地提供娱乐方便，这样不但业主（用户）没意见，物业公司也能增加收益。

4.开办广告业务

许多商家在做宣传时，绝不仅仅关注报刊和电视电台等新闻媒体，也将物业小区的电梯、房顶等公共场所列为他们的选择目标。物业公司假如经过业主委员会的同意，能够将电梯、房顶和小区显眼处用作商家张贴、悬挂广告宣传画和招牌的场所，并与业主委员会合理分配收入，每月也将会有一笔不菲的收入。

5.开办培训班业务

物业公司利用暑假和寒假期间，聘请社会上有一定影响和水平的老师，在小区里开办书画、作文、英语、数理化、舞蹈培训班，为业主（用户）提供一个方便优质的学习环境，让儿童"足不出区"就能够参加培训、学习。

比如，利用小区的游泳池，聘请专业人士做教练，在暑假里举办游泳培训班，既方便业主（用户）健身，又能增加公司收入。

6.开办房屋中介业务

房屋出租，可以说是各小区都有的事，往往是业主想出租房屋而找不到租赁户，而租房者也因找不到房主而发愁。假如物业公司能够为业主房屋出租提供中介服务，就能够解决这一矛盾。这样既方便了业主，又方便了租赁方，假如收费合理、服务方便，各方都能得到满意的结果。

7.开办接送儿童业务

现在许多业主（用户）工作都很忙，往往为小孩上学放学回家没人接送而苦恼，请专职保姆费用太高，一般家庭难以承受；不请保姆，孩子无人接送又不安全。假如物业公司能够利用优势，开办代理接送孩子的业务，想必会有很好的效果。

问题90：多种经营的收益如何分配？

物业公司开展多种经营，其中有许多项目涉及利用业主（用户）的物业空间，这就产生了物业公司与业主（用户）或者业委会怎样分成的问题。

1.涉及业主利益的情况

如果物业公司利用小区物业开展各项娱乐活动，或利用电梯、房顶等投放广告，或开办各类培训班等业务，自然就牵扯到业主的利益，因为开展业务的场地是业主的，物业公司只提供了服务和管理，所以开展这些业务的收入，应该与业主分成，至于比例是多少，理应由物业公司与业委会商量而定。

假如物业公司想吃"独食"，或者业主（业委会）过分强调自己的利益而不考虑物业公司的利益，最终"受伤"的将是双方。

2.不涉及业主利益的情况

如果物业公司开办房屋中介、委托代理接送小区儿童上学和放学等业务，不涉及业主的利益，不占用业主的场地，其收益就与业主挂不上钩。尽管如此，物业公司还是应该从该类收入中，适当拨款给业委会开展自身活动，这样才有利于物业公司与业委会的和谐相处，有利于小区大家庭的和谐。

第二周　社区文化活动管理

物业经理作为小区物业管理的负责人，应该积极组织社区文化活动，提高社区文化活力，同时促进物业公司与小区住户的良性互动，建立良好的合作关系，以共同创造一个文明和谐的小区。

问题91：什么是社区文化？

社区文化并非单纯指一些娱乐性的群众活动，而是一种整体性的社区氛围，如同一个企业的企业文化一样，对这个群体里的所有人均起着渲染和影响作用。随着观念的不断发展，社区文化反映了小区的生命力，关系到房子的升值和保值，不仅可以增加业主对楼盘的忠诚度，而且坚定潜在消费者的购买信心。

社区文化的建立还是一个长期的过程，一种高雅的社区文化的形成，是开发商、物业公司及业主、住户共同努力的结果，与整个小区设计、开发、销售的各个环节紧密相关，也只有在建筑设计、物业管理、营销及广告方面都要有一个整体的以人为本的思路，才可能体现出物业和业主的特色，满足人性中对文化的追求，照顾到人们对于所居住物业的精神需要，进而形成小区特有的文化氛围和格调。

社区文化的基本载体是全体业主、住户，他们的生活模式、价值取向、道德观念、行为方式等最终决定了一个社区文化的面貌。文化与社区不能割裂，文化是在一定的空间范围和时间维度上生成的，社区是文化的土壤，社区结构的形成端赖于文化的制约，文化的孕育和传承又存在于社区的社会活动和生活工作之中。

问题92：社区文化包括哪些内容？

社区文化是一定区域、一定条件下社区成员共同创造的精神财富及其物质形态，它包括文化观念、价值观念、社区精神、道德规范、行为准则、公众制度、文化环境等。

社区文化不可能离开一定的形态而存在，这种形态既可以是物质的、精神的，也可以是物质与精神的结合。具体来说，社区文化可以包括图6-7所示的内容。

图6-7 社区文化的内涵

1. 环境文化

社区环境是社区文化的第一个层面，它是由社区成员共同创造维护的自然环境与人文环境的结合，是社区精神物质化、对象化的具体体现，主要包括图6-8所示的内容。

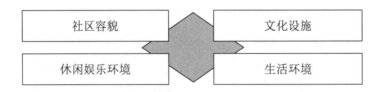

图6-8 社区环境文化包括的内容

通过社区环境，可以感知社区成员理想、价值观、精神面貌等外在形象。如残疾人无障碍通道设施可以充分体现社区关怀、尊重生命、以人为本的社区理念。当然，怡人的绿化园林、舒心的休闲布局、写意的小品园艺等都可以营造出理想的环境文化氛围。

2. 行为文化

行为文化也可以被称为活动文化，是社区成员在交往、娱乐、生活、学习、经营等过程中产生的文化，通常所说社区文化都是指这一类的社区文化活动。这些活动实际上反映出社区的社区风尚、精神面貌、人际关系方式等文化特征。

比如儿童节晚会、国庆节联欢会、广场交响音乐会、元旦舞会、重阳节文艺汇演、趣味家庭运动会、游泳比赛、新春长跑等。

3. 制度文化

制度文化是与社区精神、社区价值观、社区理想等相适应的制度、规章、组织机构等。同时，这些制度对保障社区文化持久、健康开展具有一定的约束力和控制力。制度文化可以分为图6-9所示的两大类。

企业的规章制度和社区的公共制度都可以反映出社区价值观、社区道德准则、生活准则等。如奖罚分明可以体现出社区的严谨风格，规劝有加可以体现出社区的人性感悟等。

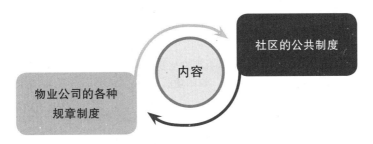

图6-9　社区制度文化包括的内容

为保障社区文化活动深入持久地开展下去，现在很多小区物业公司会成立专门的社区文化部，负责社区文化活动建设工作。社区文化部在引导、扶植的基础上成立各种类型的社区文化活动组织，如老年活动中心、艺术团、协会、表演队等，同时还对社区文化活动开展的时间、地点、内容、方式、程序等予以规范。

4.精神文化

精神文化是社区文化的核心，是社区独具特征的意识形态和文化观念，包括图6-10所示的内容。

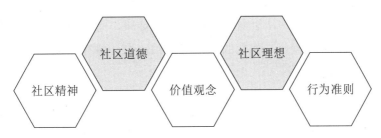

图6-10　社区精神文化包括的内容

精神文化是社区成员精神观、价值观、道德观生成的主要途径。环境文化、行为文化、制度文化都属于精神文化的外在体现。如社区升旗仪式、评选文明户、学雷锋演讲等。由于精神文化具有明显的社区特点，所以往往要多年积累，逐步形成。

问题93：社区文化建设有什么功能？

社区文化建设越来越为社会、社区成员及物业公司所重视，因为社区文化有其特殊功能，如图6-11所示。

1.引导功能

社区文化的引导功能是指社区文化对社区成员的思想和行为的取向具有引导作用，使之符合社区理想和目标。社区文化引导功能既表现为对社区成员个体的思想行为的引

引导功能　　　　　　　　　　　　　娱乐功能

约束功能　　　社区文化建　　　激励功能
　　　　　　　设的功能

凝聚功能　　　　　　　　　　　　　改造功能

图6-11　社区文化建设的功能

导作用，同时也表现为对社区整体的价值取向和行为起导向作用。这种导向作用之所以能够实现，是因为一个社区的社区文化一旦形成，它就会建立起自身系统的价值和规范标准。

2.约束功能

约束功能是指社区文化对社区成员的思想、心理和行为具有约束和规范的作用，主要表现在社区文化中的制度文化建设上。为了加强对社区文化工作的管理，必须建立和健全各项规章制度和法规。通过营造社区特有的文化范围，制定行为规范和行为准则来维持社区秩序，调整人与人之间的社会关系，使社区居民懂得哪些事该做、哪些事不该做，产生一种自我约束作用，从正面保证社区文化健康、稳定地发展。群体意识、社区舆论、共同的习俗和风尚等造成强大的群体压力和动力，使社区成员产生心理共鸣，继而产生行为的自我控制。

3.凝聚功能

凝聚功能是指社区成员在共同目标、利益和信念的基础上，通过共建机制，使社区各种力量相互作用、相互吸引，从而形成一种特有的集聚、凝结的社区合力和整体效应。社区文化犹如黏合剂，把社区内的成员"黏合"在一起，社区通过多种文化活动吸引居民参与，使他们从生疏到认识，从认识到熟悉，增加认同感和归属感，从而产生一种凝聚力，形成共同的理想和希望。社区就像是一个大家庭，每个居民都是家庭中的一员，社区文化将使他们产生主人翁的责任感，使他们乐于参与社区的事务，发挥自己的才能和智慧，为社区的繁荣做出贡献。

4.娱乐功能

娱乐功能是指社区文化能给人们带来消遣，提供一种轻松、舒适的环境的功能。人们不仅有物质方面的需求，更有精神方面的需要。随着改革开放和社会主义现代化建设的不断发展，人们生活水平不断提高，人们对精神生活有了更高的需求，而社区文化恰恰在很大程度上满足了人们对精神生活的需求——社区为他们提供了场地。社区居民在紧张繁忙的一天工作中会感到精神倦怠、身体疲劳，社区文化活动将为他们提供一个轻松、愉快和舒适的环境，使他们从劳累和压力中解脱出来，得到精神上的享受，并以饱满的精神投入次日的工作。

5.激励功能

激励功能使社区成员从内心产生一种积极上向和进取的精神。这种激励表现在正面的引导而不是消极地满足需求，表现在内在的引导而不是表面的推动。比如，在社区住着各种各样的人，其中包括老、弱、病、残、寡、孤、独等人士，他们中有些人由于生理或心理等原因，对生活和生存产生厌恶的不正确心理，为使他们重新找回自信和人生目标，有必要让他们多参与社区文化活动，通过参加活动使他们重拾信心积极面对人生。

6.改造功能

社区文化的改造功能最直接的表现是解决精神方面的社会问题。如居民中的封建迷信思想及活动，只能用科学道理和事实加以解释和纠正。加强社区文化，开展各种文化活动，能够净化社会环境，改善社区居民的精神风貌，为改革开放和社会主义现代化建设创造更加有利的社会环境。

问题94：社区文化与物业管理有什么关系？

社区文化与物业管理之间的关系体现在图6-12所示的四个方面。

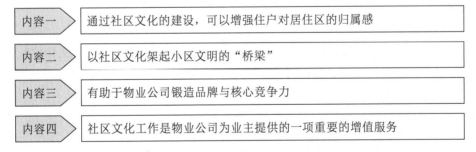

内容一	通过社区文化的建设，可以增强住户对居住区的归属感
内容二	以社区文化架起小区文明的"桥梁"
内容三	有助于物业公司锻造品牌与核心竞争力
内容四	社区文化工作是物业公司为业主提供的一项重要的增值服务

图6-12　社区文化与物业管理之间的关系

1.通过社区文化的建设，可以增强住户对居住区的归属感

市场竞争环境日趋激烈，物业公司在注重高水平服务的同时，也应不断加强社区文化的"感情投资"，通过各种形式和渠道增强住户对社区的归属感和凝聚力。

2.以社区文化架起小区文明的"桥梁"

物业管理应以优质服务、文明家庭、文明居住区等系列社区活动，将居民的实际利益、思想感情与居住区文明的"桥梁"相连，把小区内各种职业、性格的住户和社会团体，形成一条以居住区为依托，共同为居民服务，发挥各自功能的纽带，既建立了良好

的社区秩序，也促进了居民身心健康和文明素质的提高，形成奉献爱心、尊老爱幼的良好社会风气。

3.有助于物业公司锻造品牌与核心竞争力

社区文化活动的组织，对于提高小区的档次、形成小区的格调均有重要作用。"物以类聚，人以群分"，只有形成高档次高格调的小区文化氛围，才有可能吸引高层次的业主，而拥有高层次和高品位的人群，既是强有力的潜在消费群，同时又可以提高小区的格调，相得益彰，起到良性循环的作用。如果我们可以在各社区内建立起一种良好的氛围——住户与住户之间以及住户与物业管理者之间彼此能够良好相处、相互关怀，把社区看作自己的大家庭，那么这样一种既有整体的统一性，同时每个小区又有着自己独立特色的和谐、融洽的社区氛围，将会成为物业企业品牌的重要附加值。

4.社区文化工作是物业公司为业主提供的一项重要的增值服务

物业拥有良好的生活方式、文化氛围和文化底蕴，会使该物业的品牌知名度和品牌美誉度得到更进一步的提升，给物业注入一种强大的文化内涵，而这种文化内涵将成为物业的"灵魂"，成为该物业的特有标志。文化具有巨大的无形资产，当这种无形资产转移到物业之中，就会带来物业的增值。

问题95：社区文化建设的原则是什么？

严格地说，社区文化建设是一项系统工程，物业公司组织开展社区文化建设必须遵循一定的原则，讲究一定的方法，才能有成效。一般来说，社区文化建设应遵循图6-13所示的原则。

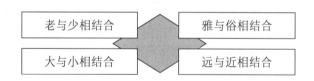

图6-13　社区文化建设的原则

1.老与少相结合

老与少相结合是指社区文化建设应该抓住老人与儿童这两个大的群体，带动中青年人参与社区文化活动。这种抓"两头"促"中间"的做法是由老人与儿童的特点决定的。

首先，社区成员中老人和儿童所占的比例较大，在很多小区，他们的比例占总人口的一半以上，这一群体自然要受到关注和重视。

其次，参与社区文化活动必须有充裕的时间。现代都市节奏加快，迫于竞争的压力和生存的需求，中青年人的大部分时间都用于工作和围绕工作所进行的学习、交往上，没有太多的时间和精力参与社区文化活动，相反，老人和孩子时间宽裕，特别是老人，除了日常家务之外，有充足的时间参与社区活动。

再次，参与社区文化活动必须有强烈的需求。中青年人当然也有，但是他们的渴望为繁杂的事务所限制，需求成了深层次的期盼，而老人和孩子的需求是直接的、显在的，只要有环境，就可以实现。

最后，社区是老人和孩子实现文化需求的最主要的场所，他们的文化更具有区域性，对区域的关注和依赖远胜过中青年人。

2.大与小相结合

这里说的"大"是指大型的社区文化活动，需经过专门的精心策划组织，参与者众，影响面广，如体育节、艺术节、文艺汇演、入住仪式、社区周年庆等；"小"是指小型的社区文化活动，是指那些常规的、每日每周都可能开展的，又有一定的组织安排的社区文化活动，如每日的晨练、休闲、娱乐等。组织大活动和小活动要合理搭配、合理安排，大活动不能没有，也不能过于频密，缺少大的活动，影响面窄、影响力小，社区文化建设的进程会减慢，社区文化氛围会减弱。一般大的活动以2～3个月一次为宜。

小的活动要经常性开铺得广一些，琴棋书画、天文地理、娱乐游戏、吹拉弹唱等都可以形成兴趣组织，渐进式地渗透发展。小活动的组织要充分利用已有的资源，尽可能地节约开支，并且注意不要形成噪声扰民、负担过重的情形。大小活动合理搭配，形成节奏，小活动时间长了也会演化成大活动。

3.雅与俗相结合

所谓雅与俗相结合，是指社区文化活动应当注重社区成员不同层面的需求，高雅与民俗同在，崇高与优美并存。社区文化活动忌讳单调乏味，如果总是"炒剩饭"、单一，再多的活动也不会提起社区成员的兴趣，甚至会影响社区成员对社区其他服务项目的评价。社区文化活动也应该百花齐放，满足不同层次的兴趣爱好，兼顾不同类型的文化品位。这就要求物业公司要充分做好社区文化调查工作，真正摸清社区成员在想什么，需要得到什么样的文化服务，愿意参加怎样的社区文化活动。

通俗的活动如家庭卡拉OK比赛、迪斯科表演、秧歌、腰鼓等，高雅的活动如举办交响音乐会、旅游、书画珍藏品展、国标编队舞等。

当然，社区文化之雅也不能曲高和寡，那样会失去文化的群众基础；俗也不可以俗不可耐，那样会导致社区文化的畸形发育。所以，社区文化的开展一定要做到雅俗共赏，不温不火。

4.远与近相结合

这里言及的"远"是指组织开展社区文化建设要有超前的意识，要有发展的眼光，要有整体的目标；"近"是指要有短期周密的安排、落实和检查。社区文化对塑造社区精神、引导生活方式等方面具有极其重要的作用。

物业管理单位被誉为新生活方式的"领航者"。随着人们生活水平的提高和社会的不断进步，社区成员的价值观念、消费观念等都在悄悄地发生着变化。物业公司应把握时代的脉搏，以敏锐的目光洞察社区将要面临的变化，超前一步为住户提供服务。社区文化活动开展要有预见性、领先性。

比如，随着知识经济时代的到来，住户已不再满足单纯的吹拉弹唱等娱乐形式，社区文化已从娱乐型向科技知识型发展。

社区文化建设要有长远的规划，对社区文化开展的效果等要进行预测分析。在此基础上的短期安排也非常重要，每一次大型活动事先都要有计划，事后都要有分析。只有对社区文化活动的开展过程进行有效控制，才能真正做到切实可行、行之有效。

除了上述几个原则之外，社区文化活动还要做到教与乐相结合、虚与实相结合、内与外相结合等。

问题96：如何开展社区文化建设？

作为物业管理的重要内容之一，社区文化建设开展得好与坏，不仅可以直接反映出物业公司的管理水平，还能够综合反映该小区的形象和精神风貌。因此，物业经理要切实抓好社区文化建设，除了应该依法依约履行自己应尽的职责，提高专业服务水平，还应该站在履行社会责任和为行业长远发展创造有利条件的角度，大力支持并积极投身开展社区文化建设，具体方法如图6-14所示。

图6-14　社区文化建设的方法

1.在构建社区文化的初期营造文化氛围的基础

现代城市中，单位人日益向社区人转化，居住小区的业主在入住形成居住群体时，多数成员之间互不认识，住户间的交往了解少，关心互动少，缺乏单位同事间那种互信合作的基础，加之业主、使用人文化背景的多样性，无疑会给文化认同造成很多困难。因此，必须创造尽量多的机会，让业主、使用人以及他们的家庭成员增加沟通，了解彼此之间的文化背景，逐渐达到文化的认同，产生互信，增进合作。

物业公司作为小区共有共用物业的管理者、公共服务提供者，在调动社区资源、组织文化活动方面处于有利地位。因此，物业公司要因势利导，有计划、有目的地组织社区文化活动，拓展业主、使用人接触、交往的渠道与空间，开展丰富多彩、居民容易参与也乐于参与的各种活动，如举办各种晚会、演唱会、趣味运动会和主题文化节等，为业主、使用人之间增加交流、交往的机会，让彼此间能充分了解对方的文化背景、爱好与习惯，打下互信互助的基础，逐渐形成对社区的依赖感、归属感。

2.在社区文化形成过程中加强引导

由文化认同而形成的居住观，才是居住社区文化的核心。各种文娱体育活动仅是社区形成的催化酶，还需要引导社区文化建设向充实内涵的方向发展。这方面的工作细致而艰巨，又经常不能起到立竿见影的效果。

物业公司一定要从大局和长远的角度出发，把其看成与主营业务相辅相成的工作，精心规划、周到安排、灵活引导，要特别注意对业主、使用人健康居住价值观的引导和环保意识、公德意识、公民意识、契约意识的培养，以润物细无声和长期潜移默化的影响，提高业主、使用人的综合素质和文化品位，尽快达到文化认同，形成健康、进步的居住观和行为方式。

3.及时把认同的文化要素变成规范和制度

在居住小区社区文化建设的过程中，居住观和居住行为的表现是多方面的。各种文化要素需经历一个逐渐被认同的过程，时间较长，因此物业公司对业主、使用人认同的文化要素应及时总结，形成适应自身社区需要的规范和制度，这样才能使认同的文化要素固定下来。这些规范和制度包括各种管理制度、行为准则、风俗习惯等，是业主、使用人形成自我控制、自我约束、自主治理的良好基础。

第三周　开展创优达标工作

创优达标工作是指物业公司推选合适的管理项目，参加由政府行业主管部门组织的对管理项目整体形象、综合管理及全面服务工作的综合考评验收。创优达标工作按组织考评的层次可分为国家级、省（直辖市、自治区）级、市（区）级，即通常所说的"国优、省优、市（区）优"。

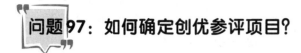

问题97：如何确定创优参评项目？

物业经理在制订年度工作计划和工作目标时，应通过权衡公司所能提供的资源和在管项目的自然条件，确定是否参加当年的创优考评并选择几个项目进行创优达标，做到未雨绸缪。

1.选择参评项目

一般来说，物业经理在选择参评项目时应考虑以下因素。

（1）委托方的要求。如果委托物业管理合同中约定要创建达标且项目自然条件符合申报要求，就必须进行创建达标。

（2）公司规范管理、提升品牌的自身要求。如果公司希望通过参加创建达标提升管理水平、提高公司知名度，就应选择项目参与创建考评。

（3）公司在管项目中如有基础条件好、符合申报条件的，应积极参加创建考评活动。

2.确定创优目标

物业经理要把创优活动当做公司上台阶、提高管理手段和管理水平的重要战略步骤之一，树立管理服务的长远目标——市优、省优、国优。通过推行标准化的管理服务手段，从而不断增强公司核心竞争力。

3.调配资源

物业公司要达到预定的创优目标，必须配备相应的资源，包括组织资源、人力资源、财力资源、物资资源等。物业经理要做好调配资源工作必须注意的要点，如表6-1所示。

表6-1　调配资源工作的要点

序号	注意要点	具体要求
1	领导重视	主要领导应在创建的各个阶段予以高度重视，并要求总部相关部门经常到参评项目现场检查、指导，确保创建工作按计划进行
2	组织保证	公司应成立由领导挂帅，总部有关部门负责人和创优项目负责人共同参加的创优领导小组，并指定一个部门作为创建主要责任部门，各参评项目也应相应建立以负责人为首的创建工作小组，明确分工、责任到人
3	人员培训	创优达标几乎涉及参评项目管理服务工作的全部内容，因此必须对员工进行贯彻标准培训，让每位员工都清楚创建的目的、意义，明确创建达标的任务和要求，了解考评标准的内容及各人在创建工作中担任的角色
4	激励机制	可采用相应的激励机制，如把创建工作成果与员工职位升降和奖金双挂钩等，尤其是进入项目初评阶段后，对整改的项目要落实责任部门、负责人，对整改时间、整改效果作出明确规定并进行控制

问题98：如何开展内部评定?

在确定创优项目之后，物业经理应当立即组织相关部门和人员对其进行全方位的综合检查，对创优项目进行初次评定。

1.项目内部初评

初评应该是有计划进行的。内部初评时应明确的要点，如表6-2所示。

表6-2 内部初评的工作

序号	工作事项	要求
1	选用初评标准	内部检查考评应参照新颁布的国家示范小区标准，同时结合本公司的检查标准进行
2	明确牵头部门	由牵头部门负责组织初评的实施，包括检查评估的时间、参加考评的人员、检查的内容和顺序、考评结果的汇总等
3	选定检查人员	为了保证内部初评的质量，应从各专业选抽具有足够专业知识和丰富实践经验的人员参加检查
4	细致分组检查	一般分为软件组（文件、资料、档案、培训等）、环境组、设备组（强电、弱电、电梯、锅炉等）、财务组，分组原则是细致分工、宁重不漏
5	参评项目配合	受检单位应组织人员引导和陪同检查组进行检查，并认真做好记录
6	提出整改方案	现场检查结束后，应以会议的形式，由各检查小组汇报检查情况，针对问题分析原因，提出整改意见，由初评牵头部门汇总意见并形成书面报告，提交给公司领导和受检单位

2.缺陷整改

在项目初评过程中，检查人员会发现一些缺陷，对这些缺陷要进行整改。一般来说，从项目初评到缺陷整改，其过程的长短和效果的优劣是由公司实力决定的。检查人员的水平、能力和态度决定着发现问题的数量和频次，而公司资源则决定着缺陷的整改程度及结果。

问题99：如何申报创优项目?

申报创优项目很关键，物业经理在申报过程中一定要注意的事项，如表6-3所示。

表6-3　申报过程中的注意事项

序号	注意事项	详细内容
1	注意收集申报信息	一般情况下，政府行业主管部门会在每年年初就当年的创优考评工作发出通知，物业公司可根据通知要求进行申报，并主动与行业主管部门取得联系，了解当年考评工作安排，以免因信息不灵而漏报
2	填写、呈送申报表	物业公司确定参评项目后，应到政府主管部门领取申报表，并按照规定的时限填写报送到指定的接收部门
3	跟踪申报结果	政府部门收到创优申请之后和组织检查考评之前，会对物业公司及申报项目的资格进行审查，确认参评资格，物业公司应注意跟踪资格确认结果
4	逐级申报	物业公司的申报程序是由低级向高级进行的，一般来说，应从区优起步，每通过一级考评验收后，再申请参加高一个级别的达标考评

问题100：如何准备迎检资料？

1. 软件准备——迎检资料

创优过程中软件准备主要是迎检资料的准备，即将考评标准的全部内容转化成相关主题的资料。物业经理要准备的创优资料主要如下。

（1）项目产权资料。

（2）竣工验收资料。

（3）图纸移交资料。

（4）管理公司成立登记资料。

（5）业主委员会成立与活动资料。

（6）公众管理制度。

（7）所有内部管理标准作业规程。

（8）所有内部管理的日常质量记录。

（9）员工绩效考评结果记录。

（10）所有的住户投诉记录。

（11）所有的住户回访记录。

（12）所有的住户报修记录。

（13）所有的住户意见征集记录。

（14）所有的物业公司对外通知、通知记录。

（15）财务损益表。

（16）所有的对外委托合同书。

（17）所有的员工培训记录。

（18）所有的员工岗位、职称证书、员工档案。

（19）小区业主（用户）档案。

（20）所有的住户装修管理档案。

（21）政府相关部门出具的无治安案件、火灾事故证明书。

（22）所有社区文化记录。

（23）所有的电梯年检、二次供水检疫、卫生消杀检疫证书。

（24）所有的标志复印件。

（25）所有的多种经营资料。

（26）政府、住户、上级公司、外界对物业公司工作的评价资料以及其他应提供的资料、记录等。

> **特别提示**
>
> 　　所有资料应充分体现完整无缺、规范的管理与服务，而创优活动已得到业主委员会的支持和配合，对此大多数业主（用户）均知晓和理解。

迎检资料的准备过程涉及档案整理、制度编制、文件修订、表格制作、数据处理、图文记录等。

2.硬件资料的准备

创优达标硬件准备是在项目接管后，物业经理依照国优标准及企业规定对项目的硬件进行整改、完善、维护及管理的工作。

（1）硬件方面的要求。硬件是指软件运行的环境，包括楼宇建筑及配套设施设备等。要创优达标，物业经理同样要做好硬件方面的准备工作。硬件方面必须达到图6-15所示的要求。

要求一	项目外观要完好、整洁
要求二	楼宇内部整洁、有序、安全，无违反装修管理和消防管理法规的乱搭、乱建、乱改等行为
要求三	设施设备是大项，维护、使用、管理要完善，各类公共设施设备保持良好的工作状态
要求四	机房环境和设备表面维护管理应做到整洁、干爽、无灰尘、无锈迹、无脱漆、无虫、无鼠害
要求五	消防系统配置齐全，标志清楚完善，消防疏散通道畅通

图6-15

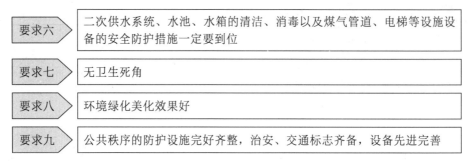

图6-15 硬件必须达到的要求

（2）全员参与，周密计划。硬件准备是庞大而复杂的工作，要求物业经理在整体的整改、完善过程中，充分发挥其领导艺术及沟通协调才能，并动员所有员工自觉地参与硬件准备工作。因此，为了达到预期的目标，物业经理应做到以下要求，如图6-16所示。

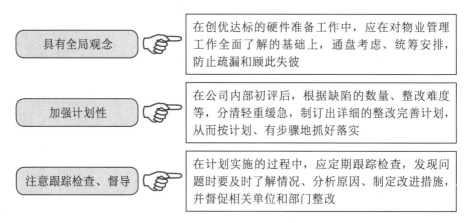

图6-16 硬件准备的三大要求

（3）硬件准备实施的细节与注意事项。国优标准对硬件达标的要求作了总体的描述，在此，仅对共用设施设备管理的实施细节与注意事项加以说明。

——共用设备。包括供电、给排水、电梯、消防、治安监控等设施设备，如表6-4所示。

表6-4 共用设备考评事项与检查内容

次序	事项	检查内容
1	检查运行情况	检查共用设备能否正常运行，这是创优考评中的重点，也是创优硬件准备工作的重点
2	检查安全防护措施是否齐备	设备运行环境（温度、相对湿度等）是否符合要求；配电系统接地是否可靠；设备房内配备的消防设施在数量、质量上是否足够；水池、水箱入孔和通气孔有否安防沙网等
3	检查设备房的环境	包括设备房内无杂物；地面墙面平整；通风满足要求；设备油漆完整、无锈迹；标志、标牌清晰；管理制度、操作规程上墙；配电房、水泵房和消防中心等绘有系统图等

——供电设施设备。供电设备包括小区进线高压电缆、高压环网柜、变压器、低压配电柜、电缆、发电机等；供电设施包括配电房、电缆井、发电机房等，如表6-5所示。

表6-5 供电设施设备考评标准

序号	设备	考评项目	标准要求
1	配电房	防鼠措施	挡鼠板50厘米高，表面光滑，材质坚硬；电缆穿墙孔应规则，并用防火材料封闭
		防水措施	电缆沟内没有积水；配电房若地势较低，应在门口建门槛，可代替防水挡板
		防虫措施	对于有窗通往室外的，应有细纱窗
		防火措施	配电房房门为甲级防火门并配有闭门器，防火门可自动关闭；在易于发现和提取的位置配有灭火器（适用于扑灭电器火灾）和CO_2灭火系统
		机房	整洁、无杂物；地面、墙面平整、干净；高压、低压操作工具摆放整齐、有序
		配电柜	柜面清洁无灰尘，指示灯指示正常；开关状态正确；联络开关机械连锁、电器连锁工作正常；柜门关闭严密；抽屉式开关柜要求推入或拉出灵活；机械闭锁可靠；柜内无明显灰迹；各连接件螺丝紧固；电缆标志正确；母排绝缘层完好；项序标志正确；各计量表（电能表、电流表、电压表）计量正确；电容补偿柜工作正常，功率因数0.90以上
		标志正确	配电房有标志；设备编号与设备统计表中一致；开关柜功能标志正确；指示灯标志正确；附属工具有标志；有高压危险标志；配电房有高压系统图、低压系统图
		安防	配电房接地排呈环状，安装要"横平竖直"，油漆黄绿相间；配电柜柜体接地良好，配电柜前后铺有绝缘胶皮
2	发电机房	机房环境	机房环境整洁，无灰尘；发电机无锈迹、脱漆，有防噪声措施
		发电机	转换开关处于自动状态；发电机手动、自动可以启动；无漏油、渗油和漏烟现象，运转时各指示仪表指示正常
		安全防护	喷雾（CO_2）系统正常；配备灭火器（可扑灭油、电器火灾）；油箱底部有沙池并有干沙

问题101：如何迎接创优考评？

做完了所有准备工作后，物业经理就要迎接创优考评。在迎接考评时，物业经理主要做好以下工作。

1.接待工作

接到考评的准确时间通知后，物业经理应率领相关工作人员提前到达考评现场迎候考评组，其具体要求如下。

（1）全体受检人员着装要分工种，统一佩戴工作证，仪容端庄、精神饱满。

（2）接待、汇报现场的布置，要求做到整洁、明亮、宽敞、舒适，能够烘托出创建的氛围。

（3）考评组到达后，接待要热情，礼节礼仪要周到。

2.汇报工作

汇报工作包括落实汇报人员、提供汇报材料等。

（1）口头汇报。通常由项目主要负责人担任，一般都是物业经理亲自担任汇报人。负责口头汇报的人员，要求十分熟悉项目的管理运作情况和创建的全过程。汇报时要语言流畅、条理清楚、突出重点、控制好时间，切忌照本宣科、吞吞吐吐。

（2）提供汇报资料。一般包括项目创建工作情况汇报材料、创优方案、创优达标资料总目录等，一式10～15份为宜。另外，制作装订要求外观精致、美观，内容实在、精练、准确，排版规范，字迹清晰。

3.现场陪同

现场陪同是指物业公司为保证检查工作顺利进行，安排管理和技术人员陪同、引领、配合考评组进行现场考评。企业现场陪同人员应注意的要点，如图6-17所示。

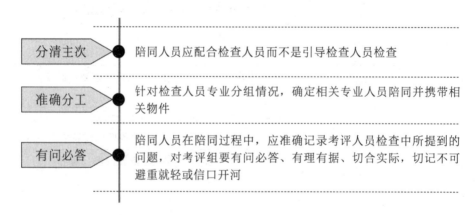

图6-17 现场陪同的要点

4.考评情况汇总总结

一般情况下，现场检查结束后，考评组要向受检单位通报考评情况并提出希望和要求。此时，物业经理应安排人员进行记录。对考评人员指出的问题，必要时可适当进行解释，同时要明确表态，对考评组指出的问题提出具体的整改措施和完成整改的时限。

问题102：如何巩固创优达标成果？

物业经理应在真正理解创优达标工作的阶段性和延续性特征后，通过自检、复检方式，不断巩固创优成果和寻求持续发展。

1.管理活动规范化

物业经理要建立和完善自检功能，首先必须对管理服务活动进行细分，并有针对性地制定出每一项服务活动的服务规范、服务提供规范和服务质量控制规范。

2.定期开展质量工作评定

为了评价物业公司的所有服务质量是否达到相关方的要求，物业经理还应开展两个评定工作，即内部评定和外部评定。评定工作是为了对关键活动的质量、效果进行测量及验证，如表6-6所示。

表6-6　质量工作评定

序号	类别	内容
1	内部评定	（1）各岗位操作人员对每日操作工作的检查 （2）创优项目管理人员每日对各自分管范围的检查 （3）公司每月对管理项目的工作进行全面检查 （4）开展单项检、季检、半年检、年检等各项检查工作
2	外部评定	外部评定是指通过接受公司外部的监督，来促使物业公司的不断改进和提高，包括向服务对象征询意见、参加政府和行业组织的各项达标评比活动等

3.配合政府部门做好复检工作

在参评项目获得相应级别的称号后，政府会定期、不定期地进行抽查或复检。

（1）企业创优达标的项目可能面临的问题。此时，公司创优达标的项目将面临以下问题。

——人员的变动。由于人员的流动变化，当抽检或复检来临时，受检项目的管理人员可能未参加过创优达标实践，因此缺乏迎检经验。

——创优资料的相对落后。较早前整理的迎检资料中，缺少考评以来的运作资料，因此必须对其加以补充、整理。

——建筑、设备的老化等。自然的不可抗力决定着建筑外墙，特别是涂料外墙面的陈旧、老化、污染；设备的寿命决定着某些设备在运行过一定的时间后会老化。这些又给迎检增加了整改工作量。

——相关方的制约因素。对于公司的复检项目，物业经理应保持和相关方的良好关系，特别是与业主委员会的关系。

（2）复检工作要注意的重点。政府复检工作的开展方式和检查重点与创优达标采取的方式有所不同。复检工作对业主委员会和建筑外观及住户评议方面的考评比较侧重，因此，公司的工作重点是保持建筑外观和环境的美观、设备运行正常，另外要注重协调好与业委会的关系。同时，要加强对人员的培训工作，通过熟悉创优过程中的相关资料使其了解相关的程序和注意事项。

第四周　物业服务质量控制

物业管理全面质量管理，是物业公司全体员工和各个部门同心协力，综合运用现代管理手段和方法，建立完善的质量体系，通过全过程的优质服务，全面满足住户需求的管理活动。

问题103：物业从业人员应树立什么意识?

物业管理服务虽然入行门槛不高，但要做成优质服务和精品服务并非是一件简单的事，因为要做好一段时间的物业管理服务并不难，难就难在要持之以恒地提供高品质的服务，这就要求物业从业人员树立如图6-18所示的五个意识。

图6-18　物业从业人员应树立的意识

1.服务意识

以业主（用户）为中心，为业主（用户）提供体贴入微、尽善尽美的服务是物业公司的经营宗旨。管理工作中的服务态度、质量和效率是业主（用户）实实在在能感受到的东西，所以管理者在与业主（用户）接触的过程中应该主动热情、文明礼貌。

比如，见到业主（用户）要主动微笑打招呼，与业主（用户）交谈要落落大方、彬彬有礼。

此外，管理者还要变被动服务为主动服务，与其等到业主（用户）请物业公司去解决问题，不如未雨绸缪，主动替用户着想。

比如，逢节假日来临，物业公司就应该主动提醒用户注意锁好门窗、提高警惕以加强安全防范。

至于服务效率方面，物业公司应根据物业的实际情况，对公司提供的各项工程和日常服务工作进行指标量化。

比如，业主（用户）室内跳电闸，物业公司保证15分钟内到场处理。通过实行服务对客承诺制，接受业主（用户）的监督，促进物业公司服务水平的不断提高。

2. 安全意识

充分保证业主的生命和财产安全是管理工作的基本职责。对于早已声称提供24小时保安服务的物业小区而言，如果发生了业主（用户）财物被盗、遭遇人身攻击等治安问题的话，势必会引来业主（用户）强烈的投诉，而物业公司苦心营造的良好形象也将大打折扣。若是由于物业公司管理不善导致火灾发生，其后果将不堪设想。小区的消防治安工作可以说是管理工作的重中之重。

因此，管理者应该具备高度的安全意识，人人都要把自己当成小区的"消防员"和"治安员"，掌握必备的治安与消防知识，熟练使用灭火器材。在日常工作中，要提高警惕，遇有相关问题，要及时通知相关部门，通力合作，迅速予以解决。

另外，要形成定期检查的制度，及时查找管理工作中存在的治安和消防隐患，并采取措施予以整改，以不断提高安全防范意识。

3. 勤俭意识

物业管理收费是采取"以支定收"的原则，即"取之于业主（用户），用之于业主（用户）"。作为业主（用户）聘请的"管家"，物业公司要懂得精打细算、勤俭持家，要争取以最合理的费用提供最优质的服务。物业公司应该全面分析管理费支出的各个项目，努力追求经济效益和服务质量的最佳平衡点。

比如，各项需要外包的设备设施的保养工作、原材料采购工作，就要货比三家，挑选优质低价的分供方。

另外，各项设备的运行费用约占整个管理费支出的40%，所以管理者要厉行节约，开源节流。

比如，制定严格的设备开关控制制度；进行工程技改，提高设备性能比以降低设备运行费用。

4.法律意识

物业管理工作的一大特点就是它涉及处理多部门的各种关系。

首先，管理者要掌握相关的法律知识，以正确处理政府部门、业主和物业公司的责、权、利关系。

其次，物业公司还要懂得用法律知识来保护自己，即合理地规避管理工作中的一些法律风险，如购买第三者责任险等。

第三，管理者在对促销人员的管理上要做到有法可依，以规避由于违法行为而产生的风险。

只有具备了较强的法律意识，当出现客户投诉、用户纠纷的时候，物业公司就不会束手无策，更不会因为处理不当而酿成大祸。

5.洁美意识

没有物业管理的房管时代，由于缺乏统一管理，各个业主（用户）都是"各家自扫门前雪"，造成公共区域卫生的脏、乱、差现象非常严重。现如今，为了拥有更高层次的物质和精神文明生活，广大业主（用户）更是希望物业公司能营造出清新幽雅、舒适和谐的家居生活和工作环境。

因此，物业公司要通过制定各项公共地段和业主（用户）室内的保洁制度，保持小区环境的整洁。另外，还要开展美化环境的各项绿化工作。

问题104：如何提升员工的综合能力？

物业公司可从图6-19所示的六个方面来提升员工的综合能力，因为服务都是靠人来完成的。

图6-19　员工应提升的能力

1.发现和解决问题的能力

"没有最好，只有更好"这样一句口号正好印证了物业公司前进的目标。虽说物业公司已建立了有关管理服务的规章制度，但如果员工只是机械式地执行工作，而不善于开动脑筋，则很容易造成工作走过场的现象。工作在第一线的员工只要细心观察，主动服务，就能发现许多问题。

比如，工程人员在上门维修时，除应业主需要为其排忧解难外，如能根据自身的经验和技术，发现业主室内其他设备的问题，并主动为业主检修服务的话，一定能赢得业主的好评。

此外，管理人员更要结合工作实际，大胆创新，勇于改革，提出一些有关降支节能、完善服务的合理化建议。

2. 管理能力

物业公司将业主（用户）视为"上帝"，那是不是就意味着管理工作毫无原则、唯唯诺诺呢？物业管理包含了服务与管理两方面的含义，除了要为业主（用户）提供面面俱到的服务外，管理者还必须对小区的综合收费、治安、清洁、绿化等工作进行统一管理。

在管理方法上，要彻底改变过去那种指手画脚的"长官式"的管理风格，转变为富有人情味的、温馨式的管理。

比如，在节假日或非办公时间，为保证业主（用户）的人身和财产安全，物业公司会对进入小区的人员做登记。由于进出人员较多且身份复杂，管理人员要灵活应对，争取做到既让业主（用户）出入顺利，又能充分保证小区的治安安全。

3. 自我控制能力

物业管理工作中有许多岗位都是责任重大，容不得半点马虎的，如机房值班岗、消防中心监控岗。由于这些岗位需要全天候的运行，而公司也不可能实行24小时的监控，所以员工必须加强自我管理，严格遵守各项规章制度，坚守岗位、履行职责，保证设备设施的正常运转和消防治安无事故。

另外，在对客服务过程中会遇到一些蛮不讲理、拒不配合管理工作的用户。在这种情况下，员工要善于控制自己的情绪，切勿与用户发生争执，应根据有关规定，耐心跟用户解释，做到以理服人。

4. 动手能力

物业公司往往拥有工程、保安、管理等各类专业人员，但最实用的却是"一专多能"的复合型的人才。物业公司之所以设立各部门相互协调的服务程序，其最终目的就是提高服务效率。假如管理人员在巡视过程中发现环境卫生、设备破损等小问题，不妨自己动手将问题迅速解决，既省去了各项程序，又提高了服务效率。

因此，管理者除了要做好自身岗位的工作外，还要注意与其他岗位的人员多开展交流学习，努力掌握一些处理工作中多发事故、突发事件的技能，使自己成为知识丰富且动手能力强的"管理杂家"。

5.沟通和社交能力

由于物业管理工作中涉及方方面面的关系非常多，所以能否正确处理与业主（用户）、主管单位及相关部门的关系就显得尤为重要。物业公司的中高层领导肩负着协调各方关系的重要责任，这就需要他们具有良好的沟通和社交能力。

在日常工作中，要制定定期汇报的制度向业主汇报工作情况，对于工作中的一些重要和紧急事情，物业公司更要注意加强与业主（用户）的沟通。

另外，在工作之余，物业公司可举办各类文娱活动并邀请相关部门参加，如此一来，加强了与业主（用户）及相关部门的沟通，有了他们对管理工作的支持和配合，企业工作的开展就会顺利很多。

6.处理突发事件的能力

用"养兵千日，用兵一时"来形容物业公司的工作可谓是恰如其分。一旦小区内发生电梯困人、消防火警和浸水漏电等突发事件时，管理人员必须在第一时间作出正确反应，将事件的危害性降到最低。管理者在面对紧急事件时要想做到镇定自若、从容应对，一方面要加强理论知识的学习，另一方面，要从以往发生的事件中汲取教训、总结经验，也是提高应急技能的好方法。

问题105：全方位质量管理包括哪些内容？

物业管理全方位质量管理，主要包括图6-20所示的内容。

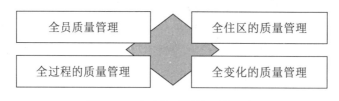

图6-20　全方位质量管理的要点

1.全员质量管理

物业管理服务质量的优劣，是物业管理各个部门、各个环节全部工作的综合反映，涉及物业管理住区内的全体员工和全体住户。管理者处于管理服务的角度，起关键作用，但是，若没有被管理者即住户配合，再优秀的物业管理也只是一句空话。因此，必须把小区的全体管理者和住户的积极性和创造性充分调动起来，不断提高人的素质，牢固树立"质量第一"的思想，人人关心物业的服务质量，参与质量管理。

2.全过程的质量管理

物业管理服务工作的全过程，包括对物业小区进行管理服务的前、中、后三个阶段。不仅包括面对住户所进行的服务工作，还包括服务前所做的准备工作，以及服务后的一切善后工作。为此，应做到图6-21所示的两点。

要点一　必须把物业管理的重点从事后把关转移到事前预防上来，以注重结果变为注重因素，防患于未然

要点二　必须树立为住户服务的思想，物业管理工作的每一个环节的质量，须经得起住户的检验，满足住户的要求

图6-21　全过程质量管理的要点

3.全住区的质量管理

全住区的质量管理主要从组织管理这一角度来进行。每一个住区的质量管理不仅是对管理者的管理，而且还包括对物业公司领导层的管理，以及对住户的管理，其中每种管理角色都有明确的质量管理活动的重点内容。对领导层则重于质量管理决策，充分发挥众人的智慧，组织、协调物业公司各部门、各环节、各工种人员质量管理的统一活动，对基层管理者而言，要求每个员工都要严格地按标准、按规章制度进行操作，严格检查实际操作情况，完善质量监督机制；对住户来说，要自觉维护住区的各项规定。

4.全变化的质量管理

随着社会的进步和经济的发展，住户对物业服务质量的要求越来越高，影响住区服务质量的因素越来越复杂，既有人的因素，也有物的因素；既有住区内部因素，也有住区外部因素。因此，为了有效地控制各影响因素，必须广泛地、灵活地运用各种现代化管理方法，如目标管理法、统计法、QC小组质量法等，把心理学、行为科学、社会学等相关学科应用于物业管理的全面质量管理之中。

特别提示

物业管理的全面质量管理必须有效地利用住区的人力、物业、财力、信息等资源，提供符合要求和住户期望的服务，这是物业管理推行全面质量管理的出发点和落脚点，也是物业质量管理的基本要求。

问题 106：如何评价全方位质量管理？

为适应物业管理全质量管理的特点，减少住户对物业公司各方面服务的需求与企业服务质量之间的差距，也为了使物业公司得到可持续发展，物业经理可以运用顾客完全满意战略（Total Customer Satisfaction，又称企业TCS战略）的评价指标对物业管理全方位服务质量管理进行相关的评价。

物业公司TCS战略，就是把住户的需求（包括潜在的需求）作为物业公司进行服务管理的源头，在物业管理服务的功能及价格的设定、服务环节的建立以及完善的服务管理系统等方面，以便利住户的原则，最大限度使住户感到满意。物业公司实施TCS战略进行物业管理全方面质量评价，主要由如图6-22所示的五个部分的满意指标（即TCS战略的"5S"）所组成。

服务理念满意（MS，Mind Satisfaction）

包括物业公司的服务宗旨满意、服务管理哲学满意、服务价值观满意等

服务行为满意（BS，Behavior Satisfaction）

包括物业公司的服务、经营、管理等行为机制满意、行为规则满意、行为模式满意等

服务过程视听满意（VS，Visual Satisfaction）

包括物业公司的名称满意、标志满意、标准色满意、标准字体满意以及物业公司、物业管理服务的应用系统满意等

服务产品满意（PS，Product Satisfaction）

包括物业的质量满意、物业功能满意、物业的外观造型创新满意、服务特色满意、物业管理服务的价格满意等

服务满意（SS，Service Satisfaction）

包括物业管理服务的全过程满意、物业管理服务保障体系满意、对住区舒适安全的满意、住户情绪反应的满意、对整个住区环境的满意等

图6-22　TCS战略的"5S"满意指标

实行物业管理服务全方位质量管理，要让住户完全满意就应提出超出住户期望、高于其他物业管理竞争对手或竞争对手想不到、不愿做的超值承诺或服务，并及时足值甚

至超值兑现对住户的承诺。在此基础上，再根据住户对物业环境、服务项目的需求变化推出新的、更高的承诺，达到更高层次的住户满意目标，使之形成对全企业发展有利的良性循环，使住户的满意和忠诚不断得到强化。

问题107：如何做好全方位质量管理控制？

全面提高物业管理服务质量的水平，必须从基础工作抓起，从物业管理服务过程的质量责任制中的质量管理抓起，从住户对服务的质量信息反馈和及时处理各种质量投诉问题等方面抓起，具体包括图6-23所示的内容。

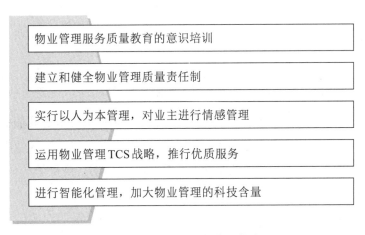

物业管理服务质量教育的意识培训

建立和健全物业管理质量责任制

实行以人为本管理，对业主进行情感管理

运用物业管理TCS战略，推行优质服务

进行智能化管理，加大物业管理的科技含量

图6-23　全方位质量管理措施

1.物业管理服务质量教育的意识培训

质量教育工作的主要任务在于不断增加企业全体员工的质量意识，并使之掌握和运用质量管理的方法和技术。要使每位员工牢固地树立"质量第一"的意识，认识到自己在整个物业管理服务质量提升中的责任，从而自觉提高业务管理水平和服务操作技术水平，严格遵守纪律和操作规程，不断提高自身的工作质量。同时要对客户进行售后物业管理意识的教育，如通过文化活动、宣传栏等，进行双向教育，这样才能收到良好效果。

2.建立和健全物业管理质量责任制

物业管理服务质量责任制是企业各部门、各岗位和员工在质量管理工作中为保证服务质量和工作质量所承担的任务、责任和权利。建立服务质量责任制可以把同质量职能有关的各项具体工作同全体员工的积极性结合起来、组织起来，形成一个严密的质量体系，更好地保证住区服务质量的提高。

3.实行以人为本管理，对业主进行情感管理

在物业管理过程中，业主和用户需要有思考能力，善于判断并满足自己需要的服务。但是，复杂、烦琐的规章制度迫使服务人员消极地执行服务操作程序，而业主却往往要求服务人员按照自己的特殊需求灵活地提供优质服务。

企业管理层更应指导并鼓励服务人员根据业主的具体要求，为业主提供定制化、个性化、多样化的服务，授予服务人员享有一定程度的特殊权力，以便服务人员采取必要的措施，满足业主具体的特殊需要。实施以人为本的管理原则，授予员工必要的职权，企业就必须尽可能删除烦琐的、不必要的、限制员工决策权力的规章制度和操作程序，在企业的实绩考核和奖惩制度中应鼓励服务人员创造性地、主动地为业主提供优质服务。

在对业主进行情感管理中，必须注意从根本上确保业主的主人翁地位，完善民主参与、决策机制和民主监督机制，为广大业主提供"参政议政"的渠道，关系到整个住区发展的大事要由业主大会及其常委会决定。加强民主管理，充分发挥业主代表大会的作用，真正使业主感到"有主可做、有事可定、有家可当"。

4.运用物业管理TCS战略，推行优质服务

运用顾客完全满意战略（即TCS战略），实行多元化的全方位优质服务。提高住户满意度的途径有很多，如提高物业的内在质量、提高物业富有创意的其他附加值（如物业良好的环境保护意识；物业高层次的文化观；集娱乐、休闲、健身于一体的会所等）。因此要做到以下6点。

第一，主动服务；第二，及时服务；第三，满意服务；第四，等偿服务；第五，成本服务；第六，有偿服务。

为了实现TCS战略，必须在物业公司的范围内，根据物业管理服务项目管理全过程的需要建立起各种职能性小组即各种TCS小组。TCS小组可通过季度展示会来展示企业的劳动成果，交流企业经营、管理的先进经验，并通过TCS战略的组织活动来激发企业员工的工作热情、士气。各种TCS小组从成立到确定主题、收集数据、分析现状、取得成果，直至建立标准化，每次每项活动都要在组长的带领下做好记录，并填写有关标准表格。当情况有了变动或取得进展时要及时上报。TCS战略小组的进展与成果定期在TCS战略的布告栏中予以公布、体现。

物业公司的TCS战略在实施过程中，最重要的是树立以"住户需求"为中心的经营思想和理念。如紧贴市场，了解市场动态，调查住户的现实和潜在需求，分析住户的行为动机、住户的承受能力和水平，并对住户的习惯、兴趣等方面有一个清晰的理解，以便物业公司能在服务管理全过程中满足住户的需求。这样，市场需要什么、住户需要什么，企业就提供什么服务，真正做到全心全意为住户服务，使物业公司能在激烈的物业管理市场竞争中立于不败之地。

5.进行智能化管理，加大物业管理的科技含量

随着网络系统的普及及人们生活水平的日渐提升，人们对居住办公及经商环境的要求相应提高。智能化的居住环境亦成为现代人士的选择，传统式的物业管理模式已变得不合时宜。智能化的物业管理可提高服务效率而且节省人力及降低物业管理的营运成本，对传统的物业公司是一个很大的挑战。

因此，物业公司就应充分利用自动化设施，加大智能化管理的科技含量，更有效地实施各方面的管理服务，具体如图6-24所示。

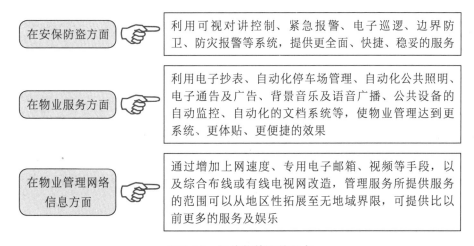

在安保防盗方面	利用可视对讲控制、紧急报警、电子巡逻、边界防卫、防灾报警等系统，提供更全面、快捷、稳妥的服务
在物业服务方面	利用电子抄表、自动化停车场管理、自动化公共照明、电子通告及广告、背景音乐及语音广播、公共设备的自动监控、自动化的文档系统等，使物业管理达到更系统、更体贴、更便捷的效果
在物业管理网络信息方面	通过增加上网速度、专用电子邮箱、视频等手段，以及综合布线或有线电视网改造，管理服务所提供服务的范围可以从地区性拓展至无地域界限，可提供比以前更多的服务及娱乐

图6-24 智能化管理的要点

问题108：如何控制服务外包的质量？

物业服务外包合格供方选定以后，还需要对合格供方提供的单项服务定期进行符合性评价（即服务外包后的质量控制）。物业企业将服务单项外包并不能减少企业需要承担的责任，对外包过程控制的程度要受到合格供方提供服务的能力及分担程度的影响。物业企业对合格供方提供服务的质量控制方法，通常有以下5种。

（1）加强对合格供方服务人员的服务理念培训，只有将作业人员的服务理念统一到企业的价值观和经营理念上，物业公司才能保证外包的单项服务质量处于受控状态，才有可能提供符合合同要求或质量管理体系要求的合格产品（服务）。

（2）加强对外包服务质量的日常监管。在监管的过程中一般采用服务供方自查、项目经理抽查、物业企业职能部门定期审查的三级检查制度，发现问题，及时指出，形成记录，持续改进。

（3）对外包服务的各项内容实行量化指标考核，对符合考核指标的服务内容和作业

细则利用月度质量分析会议进行公开点评和推广，对不符合考核指标的做法及时指出，分析原因，共同探讨改进方法，辅助合格供方一起提高，实行战略互助、共同发展的双赢模式。

（4）外包服务合格供方管理职能部门定期（半年度或年度）组织项目经理对合格供方提供的单项服务进行符合性评价，利用满意度测评的数据模型，将企业全部合格供应商分类、排序，再由物业项目经理按"李克特5级量表"对服务状况进行点击评分，软件统计分值，汇总结果，排出名次，实行优胜劣汰的考核机制。

（5）利用物业企业开展质量管理体系认证，接受年度认证审核或其他外部审计工作的机会，从第三方的观点和角度更专业、更客观地评价外包服务供方的服务质量，做到客观、公平、公正。

特别提示

高度重视物业服务的外包工作，科学而有效地选择合格供方，加强物业现场服务的质量控制，强化合格供应商的动态管理，使之制度化、常态化，这对于企业的生存和发展起着举足轻重的作用。